智慧体育
——互联网背景下高中体育教学创新

杨师果 著

吉林出版集团股份有限公司
全国百佳图书出版单位

图书在版编目（CIP）数据

智慧体育：互联网背景下高中体育教学创新 / 杨师果著. -- 长春：吉林出版集团股份有限公司，2023.3
　　ISBN 978-7-5731-3156-0

Ⅰ.①智… Ⅱ.①杨… Ⅲ.①体育课—教学研究—高中 Ⅳ.①G633.962

中国国家版本馆CIP数据核字(2023)第057529号

智慧体育——互联网背景下高中体育教学创新
ZHIHUI TIYU　HULIANWANG BEIJING XIA GAOZHONG TIYU JIAOXUE CHUANGXIN

著　　者	杨师果
责任编辑	赵萍
封面设计	王哲
开　　本	710 mm × 1000mm　　1/16
字　　数	206 千字
印　　张	12.5
定　　价	75.00元
版　　次	2023年9月第1版
印　　次	2023年9月第1次印刷
印　　刷	北京厚诚则铭印刷科技有限公司

出　　版	吉林出版集团股份有限公司
发　　行	吉林出版集团股份有限公司
地　　址	吉林省长春市福祉大路5788号
邮　　编	130000
电　　话	0431-81629968
邮　　箱	11915286@qq.com
书　　号	ISBN 978-7-5731-3156-0

版权所有　　翻印必究

作者简介

杨师果，1976年6月出生，现就职于宿州市第二中学，高级教师，从事高中体育教学和学校业余训练工作。全国篮球优秀教练员，2021年安徽省职业道德师德先进个人，连续三届宿州市学科带头人。曾带队在安徽省中学生篮球锦标赛女子篮球比赛中获得冠亚军10余次。2021年获得安徽省优质课比赛一等奖。

前　言

随着社会的不断进步以及时代的不断发展，现代科技发展得越来越快，互联网更是以势不可挡的趋势贯穿人们的日常生产生活。在互联网的大背景下，我国的教育行业也得到了长足的发展，这方便了教学活动的展开，同时学生的学习效率也得到了极大限度的提高。高中体育作为一门课程，不只要求学生有好身体，还要通过体育培养学生优良的品质和过硬的心理素质。互联网技术越来越多地被应用于教学中，其对学生学习体育知识、技能的掌握，身体素质的发展，以及养成终身体育锻炼的习惯都具有重要意义。

基于此，本书以"智慧体育——互联网背景下高中体育教学创新"为题，全书共设置六章：第一章阐述互联网特征与发展背景、体育教学的目的与任务、体育教学的规律与原则、互联网背景下体育教学的发展趋势；第二章分析高中体育教学目标及其陈述、高中体育教学计划的制订、高中体育教学环境的创设、高中体育教学设计体系的建设；第三章讨论互联网背景下体育教学的优势及影响、互联网背景下体育教学思维的转变与创新、创新思维下的体育教学理念及应用、互联网背景下体育教学的发展方向；第四章探讨高中体育教学内容及其选择、高中体育教学资源的开发利用、互联网背景下高中体育教学内容的革新；第五章论述高中体育教学方法及其选择优化、高中体育教学方法的创新视角、互联网背景下高中体育教学方法的创新应用；第六章通过互联网背景下高中体育慕课、微课、翻转课堂，探讨互联网背景下高中体育智慧课堂教学创新。

本书将理论与实践相结合，力求做到理论精练、实践性强，并注重章节之间的逻辑性、连贯性等，突出互联网背景下的智慧体育教学，具有一定的实用价值与创新价值。

  笔者在撰写本书的过程中，得到了许多专家学者的帮助和指导，在此表示诚挚的谢意。由于笔者水平有限，加之时间仓促，书中所涉及的内容难免有疏漏之处，希望各位读者多提宝贵意见，以便笔者进一步修改，使之更加完善。

杨师果

2023 年 1 月

目 录

第一章 互联网时代背景与体育教学发展趋势 …… 1
 第一节 互联网特征与发展背景 …… 1
 第二节 体育教学的目的与任务 …… 5
 第三节 体育教学的规律与原则 …… 16
 第四节 互联网背景下体育教学的发展趋势 …… 24

第二章 高中体育教学基本原理研究 …… 30
 第一节 高中体育教学目标及其陈述 …… 30
 第二节 高中体育教学计划的制订 …… 37
 第三节 高中体育教学环境的创设 …… 46
 第四节 高中体育教学设计体系的建设 …… 60

第三章 互联网背景下体育教学的思维转变与发展方向 …… 71
 第一节 互联网背景下体育教学的优势及影响 …… 71
 第二节 互联网背景下体育教学思维的转变与创新 …… 84
 第三节 创新思维下的体育教学理念及应用 …… 93
 第四节 互联网背景下体育教学的发展方向 …… 103

第四章 互联网背景下高中体育教学内容与资源创新 …… 108
 第一节 高中体育教学内容及其选择 …… 108
 第二节 高中体育教学资源的开发利用 …… 111
 第三节 互联网背景下高中体育教学内容的革新 …… 122

第五章　互联网背景下高中体育教学方法创新及应用 …………… 126
第一节　高中体育教学方法及其选择优化 …………………… 126
第二节　高中体育教学方法的创新视角 ……………………… 141
第三节　互联网背景下高中体育教学方法的创新应用 ……… 144

第六章　互联网背景下高中体育智慧课堂教学创新 …………… 146
第一节　互联网背景下高中体育慕课教学创新 ……………… 146
第二节　互联网背景下高中体育微课教学创新 ……………… 162
第三节　互联网背景下高中体育翻转课堂教学创新 ………… 178

参考文献 …………………………………………………………… 188

第一章 互联网时代背景与体育教学发展趋势

第一节 互联网特征与发展背景

当前，社会已经处于信息化时代，信息的高速传播主要是借助于发达网络实现的。鉴于此，互联网成为近阶段备受关注的名词，这一话题的提出并不是偶然的，而是与时代发展需求相适应的，可以说，这是时代发展的产物。

信息网络的迅速发展和广泛普及，对于整个社会来说，所起到的作用是非常显著的，在经济、政治、科技、文化、教育、体育等方面都广泛应用了信息网络技术，这也反映出了互联网的现实意义。

一、互联网的内涵与特征

（一）互联网的内涵

在互联网中，网的意义不仅在于简单的网络连接，而更重要的是交互，以及通过互动衍生出来的种种可持续发展的特性，从而更加有效地提高生产效率和资源利用率，使人类发展水平得到提升。关于互联网的内涵，可以从以下两个方面来加以分析：

1. 互联网是物联网的核心和基础

物联网所构建的是一个能实现人与物、物与物的信息交换和共享的网络信息系统，其重要基础就是互联网。整个信息系统的运行都是在互联网的运行下所开展的。可以说，物联网是互联网接入方式和端系统的延伸，也是互联网服务的拓展。

2. 互联网有效整合了物质世界和信息世界

通常，人们将互联网理解为一个动态的全球信息基础设施，其实质是，将世界上的人、物、网和社会融合为一个有机的整体，在互联网的基础上，使世界上人类的生活活动、生产活动、经济运作、社会活动更加智能化地运行。

（二）互联网的特征

从对互联网的分析中发现，互联网是一种全自动、智能化采集、传输与处理信息的，实现随时随地和科学管理的一种网络。互联网所具有的基本特征可以大致归纳为以下几个方面：

1. 网络化

网络化是互联网的基础，无论是专网，还是无线、有线传输信息，形成网络状态是一个必要条件。不管是什么形态的网络，最终都必须与互联网相连接，这样，真正意义上的互联网才有可能形成。否则，互联网是根本不可能形成和存在的。

2. 互联化

互联网，实际上就是将多种网络接入、将应用技术全方位集成起来的一种形式或者平台。这就赋予了其在一定的协议关系下，实行多种网络融合、分布式与协同式并存是其显著特征。

3. 自动化

互联网自动化通过数字传感设备自动采集数据，然后以事先设定的运算逻辑为依据，通过软件自动处理采集到的信息，这一过程基本上可以自动完成，不需人为干预，如按照时间、地点、压力、温度、湿度、光照等设定的逻辑条件，可以在系统的各个设备之间，自动地进行数据交换或通信；对物体的监控和管理实现自动指令执行。

4. 感知化

物联网的感知元器件主要是指互联网的射频识别装置、红外感应器、全球定位系统、激光扫描器等信息传感设备，这些感知元器件的主要功能和人的视觉、听觉、嗅觉的功能是一样重要的。

5. 智能化

"智能"主要是指个体对客观事物进行合理分析、判断及有目的地行动和有效地处理周围环境事宜的综合能力。互联网的产生本身就是一种智能的体现，具体来说，是微处理技术、传感器技术、计算机网络技术、无线通信技术不断发展融合的结果。从其"自动化""感知化"要求来看，它已能代表人、代替人对客观事物进行合理分析、判断及有目的地行动和有效地处理周围环境事宜，智能化实际上体现的是其综合能力的高低。

二、互联网的发展背景

（一）互联网发展的必然性

通常来说，丰富的网络系统采取的基本都是自下而上的有机组织模式。所有的组织可以分成两种类型：一种是传统意义上的自上而下的机械组织模式；另一种则是正在改变着企业和世界面貌的有机组织模式。

随着社会的发展，世界日益向以联系和合作为主要特征的运行模式转变。这就需要不断进行组织创新，打破和拆解一道道"围墙"，发展多样融合的网络系统，互联网就是这种智慧产物。

在全球信息产业发展的带动下，互联网已成为一种发展的必然。仔细分析发现，互联网发展驱动力有多个方面，具体包括：①信息业务的分组化，这是网络演进和融合的最大驱动力；②技术进步，新技术层出不穷；③用户需求的提高，用户希望能够利用任何终端在任何地方、任何时间享受丰富多彩的业务；④运营的需求，为了支持多种电信和传媒业务，各大运营商都希望能有一个整合的 IP 化的基础网络。

（二）时代的发展催生互联网

近年来，在全球范围内，从所有的经济领域的角度上来说，信息技术化是发展的关键所在，未来更是创新信息智能互联化。信息互联在各国经济中有着非常突出的核心地位。不管是农业、制造业、服务业中，还是在政府部门中，信息互联已经成为一个"普遍深入"的现象。这些技术的联动最终实现的是世上各种有形的、无形的资源在时空上的利用最大化、安全保障化、成本最低化。

通过分析与当今全球经济的运行环境和整体发展趋势相结合的形势可以

发现，我国经济结构调整是否成功，主要的决定性因素是我们的互联网经济。换言之，就是互联网经济在整个经济结构中所占的比重和影响力，在很大程度上决定着信息互联经济的发展程度。

在这样的时代背景下，我国政府提出在经济结构调整和发展方式上要实现三个目标，实现途径所涉及的领域中，主要为互联网经济领域。

第一，由投资和出口的拉动积极转变为消费、投资、出口协同拉动。协同就是需要同步提高，其中，最好、最大的动力源就是高科技的应用。

第二，由工业带动，积极转变为一产、二产、三产协调拉动。一产、二产、三产的创新化应用和信息经济比重提升，这些都对整个互联网经济体的单位成本构成产生了直接影响。

第三，由过度依靠资源消耗积极转变为依靠技术、管理、创新方面。互联网经济是在科技和创新的基础上实现的。互联网经济在整个经济体的份额中所占的比重，能够将整个经济体资源消耗依赖度的下降程度充分反映出来。

正是互联网经济的技术、管理、创新等要素的变化，将我国经济结构转型的程度反映了出来。互联网经济在我国三产里面的比重不断上升，这是其一个重要的表现。同时，其还有一个显著表现，即互联网直接渗透到我国的一产和二产之中，并对一产和二产产生影响。这也就决定了互联网经济将顺理成章地成为我国经济结构发生转变过程中所有研究的重中之重。

我国身处全球经济依存度相对发达的大环境中，我们一定要高度关注国际形势的走向，这会对我们自身的发展走向产生影响。以计算机、网络、机器人为标志特征的信息时代，其发展速度非常快。信息已经不仅仅局限于专业的研究了，其已经进入人们的日常工作和生活中。信息已经将全世界的电脑都联系起来了，所有的信息以及各种多媒体视听设备都属于这一系统的组成部分，并在人们的生活和工作、学习中有着广泛的应用。正是因为如此，每一个人的生活、工作、学习都因此而发生着变化。除此之外，全球人类的生活习惯、工作习惯、学习习惯、生产习惯、科研习惯和商业习惯也都发生了变化，人类的生活、工作和学习内容更加丰富和充实。

第二节　体育教学的目的与任务

一、体育教学的目的

（一）体育教学的相关关系

1. 教学目的、教学目标与教学任务的含义

（1）体育教学的目的是设立体育学科和实施体育教学的行为意图与初衷，以运动和身体练习为基本手段。体育教学目的贯穿整个体育教学的指导思想，是对体育教学提出的概括性和总体性的要求，把握着体育教学的进展方向。

（2）目标是努力的方向和预期的成果，是要在各个阶段达成什么和最后达到什么的意思。体育教学的目标是人们为达到体育教学的某个目的在行动过程中设立的各个阶段的预期成果以及最后的预期成果。体育教学目标是依据体育教学目的而提出的预期成果。这个预期成果可分为阶段性成果和最终成果，阶段性成果是体育教学的阶段目标，阶段性成果的总和就是最终成果，即体育教学总目标。体育教学总目标是体育教学目的得以实现的标志。

（3）任务是受委派担负的工作或责任，是"要做什么"的意思。由此可知，体育教学任务是为了完成体育教学目的、实现体育教学目标所应该做和必须做的工作。

2. 教学目标、教学目的与教学任务的关系

体育教学目标、体育教学目的、体育教学任务三者之间应是如下关系：

（1）各个阶段的体育教学目标的总和就是最终的体育教学目标。

（2）最终的体育教学目标是实现体育教学目的（意图）的标志。

（3）体育教学任务是为实现体育教学目的和体育教学目标所应该做的实际工作和责任。

例如，体育教学的一个目的是让学生掌握篮球技能从而增强终身体育的能力，那么篮球教学总目标就是学会主要的篮球技术和有关知识（学会主要的篮球技术和有关知识是掌握篮球技能的标志），篮球教学的分目标

（各个教学课的分效果）则是掌握篮球的最基本的技术、学会运用战术、学习有关规则和相关链接、学会欣赏篮球等。而各个篮球课的教学任务就是让学生一步一步地学好基本的篮球技术、一步一步地掌握基本的战术和运用的方法、一步一步地学习篮球的规则和相关链接、一步一步地学会理性地观赏篮球竞赛。

可以看出，体育教学目标是一个上承体育教学目的，下启体育教学任务的中间环节，因此是体育教学中既具有定向、定位功能，又具有定标、定量功能的重要因素。体育教学目标是我们搞好体育教学工作必须认真研究的教学因素，这也是近年来体育教学目标在体育教学改革中备受关注的重要原因。

3. 教学目标与教学目的

人们往往把体育教学目的和体育教学目标混淆。在现代汉语中，"目的"的意思是"想要达到的境地或想要得到的结果"。从这一意义上，我们把"教学目的"理解为教学活动预期要达到的结果，它规定着教学活动的方向和标准要求。由于在汉语词汇中"目的"和"目标"并没有质的差别，因此，往往将教学目的和教学目标理解成同一种意思。其实，二者既有密切联系，又有明显区别。

体育教学目标是体育教学目的的具体化，与体育教学目的在方向性质上是一致的，都是教学活动所要预期达到的结果。其区别包括：①体育教学目的与体育教学目标是一般与特殊的关系，体育教学目的是对体育教学活动的总要求，对体育教学活动具有普遍的指导意义；而体育教学目标是对体育教学的具体要求，只对特定阶段、特定范围内的教学活动有指导规范作用，如某一课时、某一单元的教学活动。②体育教学目的具有稳定性，而体育教学目标具有一定的灵活性。体育教学目的体现了社会的意志和客观要求，特别是体育教学目的是以指令性形式表现出来；而体育教学目标则较多地体现了体育教学活动的主体要求，有一定的自主性，体育教师可以根据教学的具体情况予以制定、调整，有一定的灵活性。

体育教学目标对整个体育教学活动起着统贯全局的作用。教学目标反映教育思想，也反映对教学规律、教学过程等客观性教学要求的看法。教学目标一经确定，便对其他主观性教学要求发生影响，即影响教学内容、教学计划、教学方法、教学原则及其他各种教学行为。当然，人们从教学行为中获得的经验与体验又反过来使自己对教学目标进行再思考，或进一步加深对教学目标的理解或对教学目标做出某种程度的调整。

教学目标具有两个特征：①可行性，说明目标的内容，即说明做什么和如何做（知识、方法等）。②预期性，用特定的术语描述教学后学生应该能做以前所不能做的事情，即教学后所要达到的结果的详细规格。

4. 教学目标与教学任务

体育教学任务是为了完成体育教学目的、实现体育教学目标所应该做的，而且是必须做的工作。教学目标与教学任务虽然是同一个范畴，但又有区别。①教学任务是以教师为主体的，教学目标则是在一定教学时间内各种教学活动行为要达到的标准和境界，是以教师为主导、以学生为主体的。②教学任务是比较笼统的，分不出阶段和层次。教学目标的描述由于采取了具体的行为动词，因而对教学过程的阶段、深度和层次有明显的限定。③教学任务是教师对教学的期望，若缺乏量和质的规定性，则观察和测量都难以进行，其结果难以评价。教学目标则将教学任务具体化和量化，可观察、测量，或作为评价的依据。④教学任务一般为教师所掌握。师生都要明确和掌握教学目标。学生可以根据教学目标进行自我学习和自我检测，这有利于提高学生学习的主动性和兴趣。

（二）体育教学目的制定的依据

1. 对学生进行研究

"体育不仅可以锻炼学生的体魄和体育素质，还可以在实践活动中培养学生良好的行为习惯和体育观念。"[1]教育是一种改变人的行为方式的过程。这个"行为"既包括外显的行动，又包括思维和感情。从这个角度去认识体育教育时，体育课程的目的就是体育教育寻求学生发生各种行为变化的代表。要使体育教育达到预定的目标，就必须对学生进行各方面的研究。

（1）学生身心发展的规律。体育课程的主体是学生，体育教育的工作要求、内容选择、安排和组织形式，以及教育、教学、训练方法手段等，都要以学生身心发展的规律为条件。学生心理发展的主要特点包括学生的认知发展、情感和意志发展、个性发展三个方面；生理的主要特点包括身体的形态发育、机能发育和素质发展三个方面。不同年龄的学生，其身心发展的特点是不一

---

[1] 刘义红. 高中体育教学中终身体育意识的培养策略 [J]. 田径，2022（06）：68.

样的。体育教育工作必须按照学生身心发展的特点来进行，才可能有针对性，才能达到预先设定的"目的"。因此，学生身心的发展规律是确定体育课程目标的生理和心理依据，反映了学生身心发展的客观规律和作为体育课程主体的客观需要。只有充分认识学生身心发展的特点，确定出来的体育课程目标才是科学的，并能指导实践，实现体育课程目标。

（2）学生全面发展需要。教学与发展的问题是教育学的核心问题之一，同教育科学的一系列其他重大问题都有这样或那样的联系。客观真理和科学是现代课程的支柱和核心，提倡对人的主体与人生目标的哲学进行探讨，这将会把课程研究提升到一个新的境界。因而，人的生命和发展都应该是课程研究的出发点，任何知识内容的安排都应以人的发展为依据、准绳。

"发展"主要是指人的发展，关于人的发展问题历来是哲学、心理学、社会学、人类学和教育学等众多学科关注的重要课题。教育学把人的发展看作是个体的人的天赋特性和后天获得的一切量变和质变的复杂过程，即由一个生物性的个体变成一个具有无限创造能力的社会成员，其中包括身体、智力、品德、审美和劳动技能等的形成和发展。

教育学所讨论的人的发展，既包括个体的自然发展，又包括个体的社会发展。人的自然发展和社会发展常常是密切关联的，是相辅相成的。说它是自然发展也可以，说它是社会发展也可以。当然，也有自然发展包含着一部分社会发展和社会发展包含着一部分自然发展的情况。从而可知，学生这一个体的发展，实质上是人的不同自然成长因素、社会因素和基于社会的教育过程综合作用的发展，这也说明了为什么每一个学生个体在同样的教育环境下会表现出不同的学习能力和发展水平。

作为体育课程的主体——学生，无论是否接受了体育课程的教育，都会在自然成长因素和社会因素的共同影响下成长和发展。而体育课程的作用则是通过体育的手段引导、鼓励、教育，使学生能够更为健康地成长、发展，从而达到社会所需要的人才标准。由于体育课程所面临的任务是培养、塑造处于不断发展中的人，所以，体育课程的主体是"发展人"。教育是人类有意识地促进自身发展的实践。也就是说，体育课程的根本任务是根据人的发展概念中必然包括的生物因素（自然成长因素）和社会因素（学校教育及其以外的社会影响因素）来促进学生健康发展的。

既然人在生物因素和学校教育以外的社会因素下仍然可以得到发展，那么，围绕主体所进行的体育课程的对象当然是儿童、少年、青年，直至成年人，即"发展人"。所以，在体育课程的任何阶段，当考虑其目标时，都必须遵循人的基本发展规律来设计、制定并实施。无论是群体的人，还是个体的人，其发展的规律和状况都应该成为制定体育课程目标和制订课程计划的基本依据。

2. 对社会进行研究

对社会的研究，主要是研究社会的需要，是指社会经济、政治、科学文化、生产力的发展水平对体育课程提出的要求。它集中体现在社会培养人的质量规格的要求上。当今，世界正处于新技术革命的挑战时期。面对新的形式，我国体育课程要根据新形势下对人才的要求，考虑我国对体育教育提供的必要条件、合格体育师资的数量与质量、场地、器材设备、工作经费等实际情况，这样制定出来的体育课程目标才是科学合理的。

在对社会需求的研究中，我们不能忽略了社会文化传承的需要。文化的传承不只是静态的积累、保留和传递，应是选择性地吸取传统文化的精髓，将其转化为适合时代的有用的东西，并加以传扬下去。在过去的体育课程中，我们只注意发展学生的身体素质，增强学生的体能，增进学生的身体健康，学习各种运动技能，而对于社会文化的一部分——体育文化的传承却忽略了。

教育是个人发展和社会生活延续的手段，就其本质而言，它是实现人类文化传承的最主要手段。体育教育是体育文化传承的主要手段，而体育教育的核心就是体育课程。体育课程的文化传承功能主要体现在以下两个方面：

（1）体育本身就是一个文化现象，学习体育就是接受体育文化熏陶。体育作为国际社会文化现象由来已久，现代体育的产生和发展与近代文化发展史息息相关。近代史表明，现代体育的兴起是文明社会的标志。它是在19世纪发展起来的，对文明社会的进步起着多方面的促进作用。通过体育课程，学生就能够接触并认识一定的社会文化。

（2）体育课程是体育文化传承的媒介，学习体育为传承体育文化提供了捷径。学习体育能为学生打开认识体育文化的大门。此外，体育课程本身的功能特点也有利于体育文化的传承。现代体育课程的结构丰富了体育文化的传承途径选择，体育的显露课程、隐蔽课程、社会课程是对体育文化传承的补充。

当然，课程目标的确定不能完全取决于对社会的研究，也不能完全以社会对人才的要求作为课程目标的确定依据，而是以承认现存社会的需要为前提的。事实上，社会的需要是在不断变化的，社会的前进有一个继承和发展的规律，在这个基础上我们可以做出一些预测，这样制定出来的体育课程目标才有前瞻性。

3. 对学科进行研究

学校课程是要传递通过其他社会经验难以获得的知识，而学科是知识最主要的支柱。由于体育课程专家熟谙课程的基本概念、逻辑结构、探究方式、发展趋势，以及学科的一般功能及其相关学科的联系，所以，体育课程专家的建议是该课程目标的主要依据之一。

体育课程的功能是制定课程目标的重要信息，是课程内部特性的反映，是在课程实施过程中，学生所要获得的体育教育的结果。到目前为止，体育课程的功能是多元化的，体育课程具有健身功能、教育功能、启智功能、情感发展功能、群育功能、美育功能、娱乐功能和竞技功能等。这些功能让我们重新审视传统的、单一生物观的体育课程目标，要求我们以全方位、多角度来认识体育课程，形成生物的、教育的、心理的、社会的多维学校体育课程目标体系。

由此可见，只有依据这些功能所确定的体育课程目标，才能充分发挥学校体育的作用，使体育课程目标的实现成为可能。

（三）体育课程目的的层次结构

1. 课程目的的纵向层次

根据目的的上下层次关系，可以依次将课程目的分为以下不同的层次：

（1）课程的总体目的——教育目的。所有课程的共同目的即课程的总体目的。对课程的总体目的的规定，反映出特定社会对合格成员的基本要求，与该社会成员根本的价值观一致，一般带有浓厚的社会政治倾向。这一层次的目的经常被写进国家和地方的法规，或其他形式的重要的文件当中。

从整体角度来看，教育目的只能是总体性的、高度概括性的，而不可能是具体的、菜单式的。就课程编制而言，总体目的具有导向性，渗透在课程编制的各个方面，可运用于所有的课程实践。例如，在考虑课程的宏观结构时，必须服从教育目的的根本方向；在决定课程的具体内容时，必须与教育目的的要求相符合，如义务教育阶段各门课程的设置必须满足学生全面发展的要求；各门课程所选择和涉及的内容必须满足学生全面教育目的方向相一致的需要等。当人们从总体上考虑和判断具体课程的意义和价值、课程结构的科学性、课程内容的合理性时，经常是用教育目的作为根本依据的。各种体育课程的编制同样是以课程的总目的——教育目的为指导思想的。

（2）课程的总体目的的具体化——培养目的。课程的总体目的——教育目的，是整个国家各级各类学校必须遵循的统一的质量要求。各级各类学校根据国家的教育目的和自己学校的性质、任务对培养对象提出特定的要求，这就是人们平时所讲的培养目的，如基础教育、高等教育、职业教育等培养目的。培养目的是总体目的在各个教育阶段或不同类型学校中具体化的体现，两者没有实质性的区别。

尽管培养目的是教育目的的具体化，但仍然具有高度的概括性，如通常用发展学生文化、科学、技术的基础知识和基本技能等表述方式，并不涉及具体的学科领域，只是为各个教育阶段和各级各类学校中的各种学科课程的编制提供相应的依据。同样，各个教育阶段和各级各类学校中的体育课程也是根据培养目的而编制的。

（3）学科领域的课程目的。学科领域的课程目的实际上就是人们通常意义上所讲的课程目的。这一层次的目的适用于一定阶段的具体课程，我们所要研究的体育课程的目的就是属于这一层次的。这个层次上的目的比培养目的更为具体，可以说，是培养目的在特定课程领域的表现。学科领域的课程目的的确定，要明确课程与上述教育目的、培养目的的衔接关系，以便确保这些要求在课程中得到体现。要在对学生的特点、社会的需求、学科的发展等各个方面进行深入研究的基础上确定目的，才有可能确定行之有效的学科领域的课程目的。学科领域的课程目的有助于澄清课程编制者的意图，使各门课程不仅注意到学科的逻辑体系，而且还要关注教师的教与学生的学，关注课程内容与社会需求的关系。体育课程的目的实际上就是结合体育学科本身的特点、教育目的、学校的培养目的、学生的特点以及社会的需求而制定的。

（4）学科领域的课程目的的具体化——教学目的。尽管学科领域的课程目的有细化和可操作性的趋势，但仍然是总体性的或阶段性的一般目的。而作为短期的某一教学单元以至某一节体育课，分析它的目的体系，这通常称为单元或课的教学目的。实际上，它们是学科领域的课程目的的进一步具体化。课程的教学目的是单元教学目的的具体化，也是最微观层次的课程目的。通常将这一层次的目的分析到操作化的程度，它往往将具体的情景联系在一起，对体现较抽象的课程目的的结果给予明确的界定，引导教学的展开。

教学目的是一所学校在确定体育课程的实施方案并制订以单元为基础的全年教学计划以后，由任课教师制定的，是教师制订单元计划和课时计划的依据。在过去，我国较为重视的是课时计划，并把一堂课看作最基本的教学单位。其实，一堂课是最基本的教学学位，却不一定是一个完整的基本教学单位。这是因为一堂课不能把一个教学系列完整地教给学生，有时只能完成其中的一部分。只有一个教学单元才能把一个完整的教学系列教给学生。因此，我们应当更加重视单元计划的构建和单元目标的设计。

在体育课上，教师应当教给学生的不是单个的技术，而是形成系列的体育文化组合。只有把若干节课形成一个教学单元，才能完整地将体育文化形成系列组合，从而真正地教给学生，并使这个教学单元较为完整地实现课程标准中提出的五个领域目的。由此可见，在教学改革的新形势下，教学目的的构建主要是指单元目标的构建，每一节具体的课实质上是在贯彻单元目标。更具体地讲，每节课不必另立课程目标，而只要指出在实施单元目标过程中的关注点即可。

体育课程改革的客观现实要求我们重视单元构建、关注单元计划、设计单元目标，并以此为切入点确实地改进体育课程的实施，使体育教学的效果得到进一步的提高。教师应将一堂课的构建依附于一个单元的构建，而一堂课的目的则依附着教学单元的目标。

2. 课程目的的横向关系

课程目的的横向关系实质上反映了各种目的的区分以及相互关系。"目的领域"是指预期学生学习之后所发生变化的内容领域。在教育目的这一层次上，我国通常用德、智、体或德、智、体、美、劳来划分目的领域。无论怎样划分目的领域，各领域对总的目的来说都应当具备逻辑的合理性，它们彼此之间在相互关系上虽然可能是并列和平行的，从而使得课程目的更加具体、清楚和明确，但它们之间必须是相互联系的整体，每个领域都不能脱离其他领域而单独实现课程目的。

在现行课程编制中，对目标领域与学习水平研究影响最大的是布卢姆等人的教育目的分类学。根据布卢姆的思想，完整的教育目的（课程目标）应当包括三个部分：认知领域、情感领域和动作技能领域，并且对每一个领域都进行了更为详细、由低到高的区分。

（四）体育教学目的与体育学科功能、价值的关系

1. 体育学科的多功能与价值

功能取决于事物的性质和特点，同理，体育学科的功能来自体育学科所具有的性质和特点。由于体育学科的内容产生于不同的文化现象，如产生于民间娱乐中的体育活动、产生于教育中的体育活动、产生于养生保健中的体育活动、产生于竞赛中的体育活动等。因此，体育学科具有了文化母体所带有的多样功能和特征。

由于体育学科具有多样的功能和特征，使得体育学科具有了多方面的价值取向。功能与价值有着非常密切的联系，但二者又不相同。功能是一个事物或物体固有的作用范畴，而价值则是利用者面对这个事物时的态度和选择，即我们所说的价值取向。虽然体育学科的功能是相对稳定的，但在不同的历史背景下和不同的国度中，体育学科的各个功能被不同程度地加以利用，体育学科被赋予各种各样的价值。此时，体育学科有些功能可能被忽视，这方面的价值也难以实现。

当然，人们在注重追求某种体育功能并努力实现某种体育价值时，也并不是绝对单一的。在多数情况下，人们会同时追求几种体育的功能，注重实现体育的多种价值，只不过是更注重、更强调某个功能而已。

2. 体育教学目的、学科的功能与价值之间的关系

功能、价值和目的的意义各不相同。功能是一个事物固有的、客观的属性；而价值是外赋的、主观的属性；目标则是根据功能进行价值取向后的行为效果指向。

功能是事物固有的和客观的属性，而价值是外赋的和主观的属性。也就是说，一个事物即使具有这个功能，而人们如果没有看上这个功能，也不会把这个功能的实现作为目的；相反，一个事物不具有这个功能，即使人们非常希望通过这个事物实现这个功能，也是无济于事的。所以，我们不能将功能简单地等同于目的，也不能将价值简单地等同于目的。我们虽然认识到了体育的多种功能，但也不能将这些功能不加分析地作为体育学科的目的。

体育学科的功能不会有大的改变，但不同的社会和不同的历史阶段会有不同的体育价值取向。因此，体育教学的目标会随着社会的变化与发展产生相应的变化。

二、体育教学的任务

（一）体育教学任务的解读

第一，使学生学习并掌握体育的基础知识，使学生理解体育的目的任务以及体育在教育中的地位和作用，使学生学会基本实用的身体锻炼的技能和运用技术，使学生掌握与了解身体锻炼的基本原理和科学锻炼身体的方法，以适应终身锻炼身体的需要。

第二，发展学生良好的思想品德，培养学生勇敢顽强和富于创造的精神，以及遵守纪律、团结协作和朝气蓬勃的体育道德作风；因势利导，全面发展学生适应于社会和生活需要的个性；提高学生对体育的认识，使学生养成经常参加身体锻炼的兴趣和习惯；陶冶学生美的情操。

第三，全面发展学生的身体素质，根据学生的年龄特点，有计划地进行各项内容的体育教学，以促进学生身体的正常生长发育和生理功能的发展。

上述三项体育教学任务是互相联系的统一的整体，是通过体育的实践活动和理论讲授完成的。这三项体育教学任务必须协调一致、全面贯彻、不可偏废。但在具体教学中，教学任务应根据课程的具体任务、教学要求和教材特点而有所侧重。

（二）体育教学任务的完成

教师要想在课堂上圆满地完成体育课的任务，用传统的教学方式是很难达到教学大纲和教材对学生的要求的。从时间上说，评价一堂课上学生锻炼和掌握动作质量的优秀，密度是关键的一环。如果教师将大量的知识技术传授给学生，而学生并没有足够的时间去消化和掌握，那么就很难使所传授的知识和技术转换成有效地课堂质量。由于动作的难度与动作的特殊性，以及教师对动作、体态、语言表达的差异，使得教师在教某些动作时，很难使学生通过视觉、听觉准确且完整地了解动作的全过程，给课堂教学带来了一定的困难。

在语言与动作的结合方面，体育课上有很多动作往往是由教师一边做一边进行解说的。这对于慢动作和那些可以分解的动作来说还是能够办到的。但那些只能在快速而连贯的情况下才能完成的动作，就很难做到两全其美。

因为场地、队形、视角、环境等问题，教师在教某一动作时，可能就要在不同的地点和方向上反复多次地进行示范讲解，从而使所有的学生都能看清和听清动作的做法和要领。这就在无形中浪费了时间，加大了教师的工作量，减少了学生练习的时间。

为了解决体育课中存在的上述问题，很多体育教师都总结和采用了许多有效的方法。随着多媒体教学在各学科中的运用与推广，多媒体教学也以它快速省时、生动直观、图文并茂、信息量大、容易接受的特点为体育教师所采用。在室内的理论课上，多媒体教学一改过去那种教师在台上讲，学生在下边听的常规惯例，利用幻灯片、投影、录像等手段将学生紧紧地吸引到教材之中。例如，讲"什么是田径运动"时，学生很容易通过视觉、听觉在很短的时间里就能准确地掌握其特点和概念，既看到了感性的东西，也有了理性方面的认识。在课堂上，通过运动的画面和解说，学生在学知识的同时也感受到了运动的活力。在课堂上，教师在连贯动作示范中无法做出停顿的一些动作，但通过画面的定格处理，教师就可以很自然地加以解说，利用字幕和解说也可节省大量的板书和阅读时间，提高了授课质量。

在授课上采用多媒体教学，可以提高学生的学习积极性，使学生集中注意力，便于教师对学生进行组织与管理。由于多媒体教学内容是事先制作好的，也就不会出现教师在做示范动作时的失败和重复讲动作要领的现象。学生可以在最短的时间里看到最标准、最完整的技术动作，听到最简练的技术要领，建立起真实、完整、逼真、系统的表象认识过程，使学生减少甚至不产生错误的动力定形。

复习课是学生对已学过的动作进行改进和巩固的课程。在复习课上，教师使用多媒体手段可以加深学生对技术动作的认识理解，从感性认识上升到理性认识。教师既可以将所学过的动作逐一定格，让学生对照动作进行有针对性的练习，也可以放录音或录像让学生集体进行复习练习。这样不但使学生巩固了所学的知识，而且培养了学生协同一致的良好习惯，对发扬集体主义精神也能起到良好的作用（如进行广播体操和武术套路的练习）。

如果在上综合课时用"分组轮换"的形式进行组织教学，教师就可以集中精力辅导新授教材的一组，而进行复习的一组就可以在多媒体教学的情境中进行自我学习。当教学中因动作具有一定难度时，教师无法亲身去做示范，学生会对动作的方位距离、运动轨迹等空间概念产生疑问。此时，教师使用电教手段可以轻松地解决这一难题。例如，在跳跃练习中起跳后的腾空动作，电影、录像、幻灯片都可以在不改变动作技术的情况下，运用慢放或定格的手法，将动作清晰地展现在学生面前，为教师在课堂中解决动作重点、难点提供了行之有效的手段。运用多媒体教学可以帮助教师整理数据资料，如用计算机对课堂教学的各项指标进行分析。教师还可以用摄像机将每位学生所做动作的全过程拍摄下来，然后放给学生看，让学生自我检查或互相找出优点和不足。这一方法也可以运用于复习课中，对纠正学生的错误动作、提高学生的学习积极性有很大益处。

第三节 体育教学的规律与原则

一、体育教学的规律

（一）体育的认知规律

体育学科具有独特的运动认知体系。因此，体育教学也要遵循体育知识学习和运动认知的规律。体育教学中的运动认知过程具体如下：

第一，广泛进行感性认知，形成感性基础。

第二，进行理性的概括形成理性认知。

第三，将理性的认知应用到各种运动情境中去。

具体来说，体育的运动认知体系是一种"身体—动觉智力"。体育教学可不断提高学生对物体、对自我的速度，以及对时间、空间、距离、重量、力量、方位、平衡、高度等因素的识别和控制能力。在体育活动中，学生能对体育事件做出恰当的身体反应，具有控制身体运动、操纵物体，使体脑协调工作。对此，体育教师在体育教学中应重视培养学生的空间感知能力和对方向的判别能力，培养学生对器械的速度、重量、方向等感知能力，从而不断地提高学生的运动认知能力。

（二）体育运动技能的形成规律

让学生学会和掌握一定的运动技能是体育教学目标之一。运动技能的形成要经历一个由不会到会、由不熟练到熟练、由不巩固到巩固的发展过程。体育教学安排不可能明显地体现和准确地划分出动作技能掌握的这三个阶段，但从一个掌握动作技能的长链结构上看，仍然是要遵循运动技能的形成规律。

（三）体育运动负荷的变化与控制规律

体育教学追求的并不仅仅是对学生进行生理负荷和生物性改造，体育教学还有其他方面的教育意义（如传承体育文化、健心、美育意义），因此，体育教学过程既要合理地利用生理负荷，又要合理地控制生理负荷，这就是体育教学运动负荷变化与控制的规律。

人体生理机能活动能力的变化具有一定的规律，在体育教学过程中，学生承受运动负荷的规律也与此相适应。在人体机能活动最强的时段要安排较大的负荷，在人体机能活动上升和下降阶段要控制运动负荷，这是一个基本规律。运动负荷的安排要与机能变化的以下三个阶段相匹配：

第一，在热身和逐渐加强运动负荷的阶段，结合学生个体情况合理、有序逐渐增加运动负荷。

第二，根据教学的需要调整和控制运动负荷的阶段。学生承受运动负荷的大小要根据现实情况酌情考虑，及时地予以调整和控制。

第三，恢复和逐渐降低运动负荷的阶段，直至学生恢复到运动前水平。

（四）体育运动的乐趣规律

在体育教学中，让学生不断地体验运动的乐趣是培养学生体育兴趣、使学生形成运动爱好和专长的首要条件，也是学生掌握运动技能、强身健体的重要前提，更是在体育教学过程中教师自始至终要把握的客观规律。

在体育教学中，感受运动快乐是学生学习体育动机的重要组成部分，学生在体育学习过程中的乐趣体验过程具体如下：

第一，学生在原有的技能水平上充分地运动从而体验运动乐趣。

第二，学生向新的技能水平挑战从而体验运动学习乐趣。

第三，学生在运动技能习得以后进行技战术创新从而体验探究和创新乐趣。

二、体育教学的原则

（一）全面发展

体育教学应以促进学生的身体锻炼为基础，促进学生身心的全面协调发展。在体育教学中，除了应促进学生身体健康外，还应将体育教学与心理学、美学和社会学等学科知识结合起来，全面提高学生智力、心理素质、美育（感）

和能力等多方面的发展，以培养适应社会主义现代化建设需要的人才。

1. 体育教学全面发展的依据

（1）社会主义体育教学目的的需要。我国社会主义的性质决定了体育教学具有明显的社会主义目的性，就是为培养身体健壮的全面发展人才服务。因此，在体育教学中，要使学生身心双修。

（2）实现体育教学基本功能的需要。体育具有健身功能、教养与教育功能、休闲娱乐功能、促进个体社会化功能和美育等多种功能。由此可见，体育教学是集中实现体育多种功能的有效途径。

（3）学生发展的需要。在新的历史发展时期，学生的发展并不仅限于身体的发展，在思想、心理、智力、道德品质与行为、审美及表现美的能力等方面都应得到发展。

2. 体育教学全面发展要求

（1）体育教师在体育教学中认真学习和领会体育教学大纲（或课程标准）精神，全面贯彻教学大纲（或课程标准）的目标和要求。

（2）体育教师应树立现代体育教学价值观念，用现代体育教学价值观去评价和衡量现代体育教学质量。现代体育教学除了具有一定的生物学价值外，还具有心理学、教育学、社会学和美学的价值。

（3）在体育教学的准备、实施、复习、评价等阶段，通过制定教学任务、选择教学内容和运用各种教学手段和方法，注意增强学生体质并促进其全面发展。

（4）体育教师在制订各种体育教学工作计划和编写教案时，应在课堂中给予学生足够的身体练习时间，并在教学中重视学生的心理发展。

（二）合理安排运动负荷

1. 合理安排运动负荷的依据

（1）不同学生生长发育的特殊性。这一点对于儿童、青少年的体育教学尤其重要。在针对儿童、青少年的体育教学中，大多数学生的身体尚处在生长发育期，身体各方面机能的发展还并不完善。在此阶段，体育教学的安排既要满足学生锻炼身体和掌握运动技能的需要，又要不至于使学生体能透支而出现危险情况。体育教师在为学生安排和设计的体育教学活动量时，要以学生可以承受的身体负荷为依据。

（2）人体发展的基本规律。学生在参与体育教学时，不管是在身体练习过程中还是在运动技能的学习过程中，都需要承受一定量的运动负荷。但是，体育运动规律揭示出了任何练习和教学并不是活动量越大越好。运动负荷过大，会对学生的身体健康造成不同程度的损害；运动负荷过小，不利于良好教学效果的取得。运动负荷的适宜性安排得是否得当，是检验一名体育教师水平高低的标准。

2. 合理安排运动负荷的基本要求

（1）运动负荷的安排要服从体育教学目标。体育教学的目标是培养学生健康体魄和健康心理素质。基于这个目标，体育教学不是为了让学生不断超越身体极限的挑战自我，也不是为了增加运动负荷而大运动量训练。单纯为了金牌而无限制地加大运动负荷的方法不适用于各级学校的普通学生的体育教学。

（2）运动负荷的安排要符合学生身体需求。体育教学应为促进学生身体发展而服务，因此，确定体育教学中运动负荷的大小时应充分考虑学生的身体发展状况与需要。教师要合理地安排运动负荷，就必须了解学生的身体发展情况。运动负荷安排要体现对学生身体的无伤害性，同时要有利于促进学生身体发展。

（3）运动负荷的安排要充分考虑学生之间共性与个性关系，需要体育教师在运动负荷方面考虑周全。一方面，教师要从学生的整体情况来考虑。这个整体情况主要是指学生的年龄段有相对趋同性，他们的身体素质发展也有类似的特点。另一方面，教师在整体趋同性的基础上，还要关注一些个人特殊情况，如对伤病学生的运动负荷安排应酌情减少。

（4）运动负荷安排应为逐步提高学生自我控制运动负荷能力服务。体育教育虽以使学生参与身体练习为主体，但是也不能忽视对学生进行体育理论方面的知识讲授，这种理论教学往往能够让学生更好地理解体育的意义，从而促使他们主动参与到体育锻炼中来，而不是仅仅在课堂中参与。因此，体育教师应加强学生的体育运动理论知识的教育，提高学生判断运动负荷是否合理的基本能力，并使学生能在体育活动中自主调节运动负荷。

（5）体育教学应重视合理休息。运动负荷的安排与休息方式、休息时间有关。科学、合理地安排休息方式、休息时间和心理负荷，对于顺利达到理想的体育锻炼效果有着重要作用。

(三) 循序渐进

1. 循序渐进的依据

体育教学首先要遵循的就是由简到繁、由易到难、由已知到未知、逐步深化的循序渐进的原则，只有循序渐进才能让学生更好地掌握体育方面的知识、技术和技能。

2. 循序渐进的要求

（1）制定好教学文件、安排好教学内容。只有在保证教学文件和教学内容都安排妥当的情况下，才能执行教学工作。因此，在进行教学工作之前一定要制订系统、科学的教学计划方案。在制订教学计划文件时，每个运动项目、每次课、每学期的内容和教法，都应前后衔接，逐步提高。教学计划中内容的安排对教学工作的实施效果具有至关重要的作用。因此，教学计划的制订既要考虑该运动项目的由易到难、由简到繁的顺序；又要考虑与其他运动项目之间的关系。项目的安排应遵循循序渐进的原则，以保证前一个项目的学习有利于后一个项目的学习。

（2）不断提高学生生理负荷。学生的生理负荷可以采取波浪式、有节奏地逐步提高，因为机体需要一定时间的适应，课程交替有节奏的安排。合理利用超量恢复是生理负荷提高的有效措施。

（3）教师要不断提高自身的文化素养，深刻了解学生身心发展的一般规律和特点，了解各项教材的系统性及其之间的关系。

(四) 巩固提高

1. 巩固提高的依据

根据遗忘规律和运动条件反射建立与消退的理论，学生学到的知识与技能在一段时间内，如果不经常复习就会遗忘或消退。另外，根据"用进废退"原理，当学生对所学习的运动技能进行反复练习时，有助于发展运动能力、身体素质和生理机能，起到强身健体的作用。因此，学生要注意巩固、提高所学到的知识和运动技能。"学习如逆水行舟，不进则退""温故而知新"这些关于学习的语句充分揭示了在学习过程中巩固提高的重要性。体育教学多为身体的练习，一般来讲，如果这种练习不能得到巩固，就会随着时间的延长而消退。因此，在体育教学中，遵循巩固提高原则是十分必要的。

2. 巩固提高的要求

（1）在体育教学中，教师应合理安排训练计划，让学生进行反复强化的练习，增加练习的密度，不断巩固运动条件反射，使学生获得进一步的巩固和提高，制订合理的训练计划，在巩固提高的过程中避免出现过度疲劳损伤机体。

（2）体育教师应重视良好体育教学方法和训练方法的选择。在教学中，体育教师可采用改变教学方式或者改变练习条件来达到巩固提高的目的。

（3）体育教师应增加运动密度和动作重复的次数，反复强化，不断巩固学生的运动条件反射，提高学生的技术水平、身体素质和体育能力。

（4）体育教师要给学生布置适量的课外体育作业或家庭体育作业，将课内与课外结合起来，达到巩固提高的目的。

（5）体育教师要不断提出新的学习目标，培养学生进行体育运动的兴趣和动机。

（五）因材施教

1. 因材施教的依据

学生作为体育教学的主体，他们之间具有共性与特性。共性体现在身体发育的稳定性和普遍性；特性则是学生受性别、遗传、生长环境、教育水平、认识能力等因素的影响，彼此之间存在差异，身心发展显现出很大区别。具体到学生具备的体育运动能力，这种差异性就可能更加明显，如有些学生的家长喜爱运动，所以从小就培养孩子参与体育运动或参加业余体育训练，这样孩子的运动水平一定能超越同年龄段的孩子的平均水平运动能力也会显得格外突出。因此，在体育教学中，教师应重视不同学生及同一学生在不同阶段的差异，因材施教。

2. 因材施教的要求

（1）引导学生正确对待个体差异。差异的存在，如果利用得当，还是一个教育、鼓励学生之间互相帮助，培养学生团队意识和集体精神的好方法。不同学生的运动天赋和对体育的了解各有不同，教师要在体育教学中贯彻个体差异性的原则，应在自己充分了解学生个体差异性存在的基础上，向学生讲解个体差异的存在，并引导学生正确看待差异。差异的存在是客观的，然而这却不能成为歧视天赋较差的学生的理由，同时教师也不能过分偏爱天赋较好的学生。

（2）深入、细致地研究和了解学生之间的差异。一方面，教师要对学生个体的差异性进行全面了解，这是贯彻个体差异性原则的前提条件。为此，教师可以在学期前进行一些测试或座谈交流，弄清不同学生在身体条件、兴趣爱好和运动技能等方面的差异。另一方面，教师应认识到学生个体差异并不是一成不变的，如有些学生在一开始的测评中被认为没有很好的运动天赋，但是其本人非常热爱体育运动，在平时的课堂上也非常积极地配合教师完成各种教学内容。慢慢地，这些学生的进步就会突飞猛进。对此，教师要有长远的眼光，要能发现不同学生在运动方面的天赋。

（3）丰富教学实践，选择适当的教学方法。在体育教学中，有些项目是不能根据"等质分组"的原理来处理、区别针对性教学的问题。教师面对这种情况就要运用其他方法来对待个体差异性，如安排"绕竿跑""定点投篮"等教学方法。这些项目的设立是为了能够使那些在某些项目中没有任何特长的学生对体育产生兴趣，而不是使其因为参与某项运动的成绩太差而觉得自己成为体育课堂的"局外人"。体育教师应让每一位学生都能参与到体育教学活动中来，体验运动的快乐。

（4）重视学生个体的差异性与统一要求的统一。在体育教学中，提高全体学生的综合素质是每名教师的目标。因此，在制定教学目标时，教师都会考虑目标的可行性，要满足大部分学生的要求。学生的个体差异是客观存在的，教师应在教学中充分重视这点。但是，体育教师也要立足于整个班级的教学，对学生统一要求，以促进学生完成教学任务，达成体育教学目标。

（六）专项教学

1. 专项教学的依据

体育教学内容丰富、种类多样，不同内容的体育教学对学生的要求是不同的。因此，教师应结合体育教学项目的特点和规律开展体育教学，在促进学生基本身体素质提高的基础上，发展学生的运动专项能力，提高学生的运动水平。

2. 专项教学的要求

体育教学专项教学原则要求体育教师应重视学生专门性知觉的优先发展。体育运动通常是在具体的运动环境中进行的。以篮球为例，篮球运动围绕篮球、篮球场地以及场地上的器材进行。在运动过程中，学生对环境和器材的感知是专门性知觉发展的过程，其中手指、手腕对球的控制能力对篮球教学至关重要。因此，教师应重视学生对球控制能力的优先发展。

（七）终身体育

1. 终身体育的依据

通过体育教学能够长久地影响学生一生对运动健身重要性的理解，并身体力行地参与其中，这是体育教学的最终目的。培养学生形成终身体育的思想，促进学生终身体育习惯的养成，是体育教学应遵循的基本原则之一。

2. 终身体育的要求

（1）培养学生的终身体育意识。在教学中，教师要善于发现学生的体育爱好与技术特长，并加以引导培养，并以此来激发学生对体育学习的兴趣，使学生树立终身体育意识，养成体育锻炼的习惯。

（2）在体育教学中，体育教师要充分考虑教学的长、短期效益，不仅要重视体育教材或某项运动技能的教学成果，还要考虑体育教学的长期效益，这与体育教育总体目标的要求是一致的。

（八）活动安全

1. 活动安全的依据

体育教学不同于其他学术学科教学，在体育教学过程中，由于教学场所的变化和所需体育器材的参与，都给教学安全提出了较高的要求。体育教学既是安全教育的难点，又是安全教育的重点，在体育教学中要保证学生的基本安全。体育运动的美或多或少都建立在一些冒险中，这也是体育的本质属性和魅力之一。然而，在体育教学中，尽管这种安全隐患不能完全避免，但应尽量减少和避免意外伤害事故的发生。

2. 活动安全的要求

（1）对各种隐患考虑周密并作相应预案。体育教师在长期的教学过程中积攒了足够多的经验和惨痛的教训,将这些内容加以汇总和归纳,并对可能发生的危险做出相应的预案,一旦发生意外,能冷静处理。

(2)加强对学生进行安全意识教育。体育教学的安全需要教师和学生的共同参与,不仅需要体育教师的严谨和全面的考虑,还要加强学生的安全意识。对此,教师在日常的体育教学中要不断教导,让每个学生都建立起安全运动的意识。在体育课堂中,学生要严格按照教师的要求去做,注意课堂纪律,在参与体育活动时量力而行。

第四节 互联网背景下体育教学的发展趋势

一、互联网促进体育教学的改革与发展

互联网对体育教学的改革及发展会产生积极的影响,具体体现在以下几个方面:

(一)互联网使体育教学的思维进一步加强

在互联网背景下,要将之前传统体育教学模式的禁锢打破,建立并加强体育教学的互联网思维是首要任务。所谓互联网思维,就是对互联网的基本情况有充分的了解,在此基础上,更深层次地挖掘和分析其内在的发展规律和优势,从而达到有效促进体育教学改革的作用。

当前,传统的体育教学主要表现为教师的言传身教。教师充分利用互联网信息技术对体育教学进行信息化模式改革,可以有效改善体育教学的现状,提升教学效果。比如,可以借助互联网技术来对传统的体育课程内容进行信息化变革,使体育学科内各项体育运动的知识内容以及探索性渠道都得到有效拓展,并对学生进行积极的指导,从而使他们能够在该平台上自主获取必考的知识和感兴趣的内容。除此之外,教师还可以通过微课来开展新型的教学模式,从而使教学资源更加丰富,也为学生更好地参与体育教学提供支持。

(二)体育教师的信息化教学素养有所提升

在体育教学中,教师是处于重要主导地位的,对于学生的学习以及其他

教学活动的开展与管理来说，都起到不可替代的重要作用。因此，要促进互联网时代背景下体育教学的改革与发展，从根本上来说，就是要对体育教师的互联网教学素养进行培训和提升。教师在体育教学中对学生有着积极的引导作用，教师综合素养的水平决定着其教学水平，做到这方面的培养与培训是至关重要的。要对教师进行互联网教学素养的培训，应促进教师的计算机应用水平，并通过组织相关的培训课程提高教师的多媒体应用技术，使其能充分利用互联网教学手段对传统的体育学科内容进行变革。

（三）构建网络平台，创新体育教学模式

目前，互联网已经在不同的领域中都有了普遍的应用，人们对于在各类互联网平台上进行学习和交流已经形成了习惯，并且非常乐于这样做。因此，对于体育教学的变革而言，要对体育教学的发展起到积极的促进作用，就要让学生能够对这一学习方式持接受的态度，这是首要任务；从教师的角度来说，要通过网络资源管理为学生创造良好的网络学习环境，使其能在日常学习中通过这些网络平台完成专业的体育学习任务。

只有这些还远远不够，教师自身要在构建和完善网络学习平台的过程中，高度关注体育学科的知识资源量，同时，还要重视针对这些资源的筛选和管理。这样，不仅能使学生在网络平台学习过程中，将平台的价值最大限度地利用起来，高效率地选择适当的知识点和内容，保证学习资源的质量，而且对于学生学习参与度的提和及学习主观能动性的加强也是有益的。

（四）优化体育文化，打造校园互联网体育氛围

近年来，随着互联网技术的飞速发展，已经有许多学生能够通过互联网获取较多的信息资源。然而，对于学校学科发展而言，要想为学生提供更好的自主学习环境，充分利用互联网技术和资源是必经之路。

这就要求学校必须对校园体育文化的构建加以重视，通过资源设计打造校园互联网体育氛围。具体来说，教师要对现代体育精神及对当下学生体质健康发展和心理健康发展的价值有充分的了解和认识，同时，还要做好社会主义核心价值观的宣传。除此之外，学校还要与体育院系联合起来，在学校中开展各院校的联合体育活动，通过互联网平台进行宣传、直播，定期在校园内营造浓郁的体育文化氛围。

二、互联网背景下体育教育理念的传播趋势

教育理念在体育教学中是处于灵魂地位的。教育理念的先进与否，在很大程度上决定着体育教学的发展状况。因此，优化和提升教育理念至关重要。互联网对于教育理念的传播与发展起到了积极的影响，具体如下：

（一）体育教育视频的发布

随着互联网行业的迅猛发展，教育行业中的商机逐渐显露出来，越来越多的人开始开发这方面的资源，发展至今，各类教育教学课程应有尽有，层出不穷。

通过对目前市面上较火的一些教学软件进行研究发现，各种软件上关于教育的课程非常多，但是，关于体育教学方面的课程却相对较少，所占的比重也非常低。对此，体育教学相关单位应该在充分了解人们需求和兴趣的基础上，不断创新网络教学方式，以吸引更多的受众，在互联网上发展体育教育，将体育教育与互联网这一途径充分结合起来，为体育教育的开展创造良好的条件，也充分满足学生在这方面的需求。

（二）体育教学宣传片的播放

当前，经济发展速度飞快，人们的物质生活已经达到了较为理想的水平。简单的物质需求得到满足之后，人们将关注点逐渐转移到了自身形象和健康长寿等方面。这就导致了健身行业的产生、发展和普及，健身房如雨后春笋般接连出现在人们的面前，当前大部分人健身的需求已经得到了满足。

需要强调的是，健身行业的迅速发展，让更多的人将健身列入了自己的计划单中。但是，有一点要注意，在这些自己摸索着健身的人群中，很多人都没有系统学习过有关体育知识，因此，盲目跟风健身而导致受伤的情况普遍存在。为了有效避免在健身过程中发生意外受伤的情况，如果有经济条件，聘请有经验的私教进行指导就是非常好的一个方式。但是，私教的价格非常高，不是所有健身人群都能承受的。对于那些没有学过专业的健身知识又没有经济条件请私教的人，在互联网上观看相关的体育教学视频、学习健身知识就显得十分必要了。

以某种意义上来说，体育教学视频的出现主要就是为了满足这一部分人的需求，他们通过在互联网上学习，大大缓解了经济压力。而且，好多软件都有互动的功能，这样教师们就能及时接收学员们的反馈，不断改进完善课

程教学内容。

（三）体育在线教学的定期开展

众所周知，现在的在线课程已经成为普遍现象，相较于线下的课程来说，价格实惠并且最大限度地实现了资源共享，这是在线教学的显著特点。在线教学一般可以通过邀请体育界知名的专家来向全国各地的人士传授体育知识，学习者在课堂上通过打字与教师进行互动学习，使学习者的时间与精力都得到最大限度的节约，同时，也尽可能保证了学习效果。

三、互联网促进体育教学的资源更新

（一）教育资源展示的准确性与访问的便捷性

信息技术与教学的融合要在"用户体验"上下功夫，这是用户思维的体现，而用户体验的基础就是数字化教育资源这一产品的质量。要使学生在资源繁多的互联网上拒绝其他诱惑而专注于使用学校体育数字化教育资源，在进行资源建设时既要遵循用户思维，还要遵循"看起来简洁，用起来简化"的简约思维。因此，在资源共享平台的选择上，可选取支持多终端访问的泛在学习应用，如微信公众平台和微博，或专业的网络教学平台等，尤其要考虑移动端的使用效果。在资源展示上，主页导航设计既要对资源进行准确分类，又要重点突出学生需求最为强烈的运动技能的学练和体育健身中较为突出的修塑形体和健康知识等内容，并凝练出体育知识技能关系图谱和学练使用指南，使学生能快速找到并学习自己感兴趣的知识技能点。有条件的网络平台还可以设置关键词搜索和热点推荐，方便学生在访问的同时尽力提升使用体验。

（二）教育资源内容组织的主题化与模块化

将学校体育资源进行数字化建设与改造，并非简单、粗暴地将纸质或模拟教学素材转换为数字化素材，也并非不加考虑地将各类数字化教育资源全部上线，而是需要认真思考学生体育课程学习和学校体育教师实体课堂教学的"刚性需求"，在资源内容选择、制作方面进行精心设计，以体现用户思维、简约思维与极致思维。资源内容最好能模拟实体课堂上单个技术动作学练的全过程，并将相关数字化教育资源根据主题化和模块化的原则组织并呈现，还应充分考虑学生在学练中可能衍生出的不同个性化需求并提供相关拓展资料，真正赋予这些数字化体育资源以生命，从而为学生提供更好的线上与线下一体的体育学习体验。

（三）教育资源呈现形式的富媒体化与可视化

优质的学校体育数字化教育资源，在精心设计与组织之余，需要合理地选择并运用恰当的媒体呈现形式以激发学习者的使用兴趣。在媒体呈现形式选择上，要体现极致思维，既不应拘泥于某一种或几种素材类型，也不能一味地堆砌花哨的效果，一切应以更准确地表达与展示资源内容、更贴合学校体育信息化教学需求为准则。例如，对某体育运动项目比赛的主要流程这一知识点，可采用比赛实况剪辑配合旁白与字幕的形式进行，视频末尾还可以可视化形式进行总结，以帮助学生进行记忆；对某一体育运动技术动作的细节与难点，则可通过近距离、多角度画面和放慢速度的视频形式呈现，同时对关键要点以文本形式嵌入，帮助学生直观、形象地理解并掌握技术动作要点。此外，考虑到移动端使用或碎片化场景下不便于观看视频的可能性，最好在视频页面下配合呈现相应的图文教程，从而实现学校体育数字化教育资源呈现的富媒体化与可视化。

（四）教育资源更新的及时化与反馈渠道的多样化

将学校体育数字化教育资源制作上线后并非一劳永逸，对公认的以及较少有争议的体育运动项目基本技术教程资源可较少改动，但应根据学习者的具体情况适当增加练习方法和练习注意事项等素材。对以往只存在于学校体育实体课堂中的课堂小结，可以用富媒体化的形式呈现并上传至资源共享平台。对用户在资源使用过程中遇到的问题，可以其为依据对现有数字化教育资源进行再改造与更新，还可根据最新的体育科研成果和发展趋势，实时更新学练方法和健身注意事项等知识，不断充实资源库。总之，要遵循迭代思维对学校体育数字化教育资源这一产品进行开发，保持动态更新，凸显"应用驱动"，体现"用户体验至上"。

（五）教育资源覆盖的全面化与影响的最大化

学校体育数字化教育资源具有普适性特点，可适用于任何群体，但其常用的共享平台多以专业网络教学平台或专门的课程网站为主，覆盖面较窄、影响力不足。因此，可考虑遵循社会化思维和流量思维，在利用现有数字化教育资源进行线上与线下一体的混合式教学之余，将最能反映学校体育教学内容的视频类素材通过使用人数多、覆盖面广的公共视频网站进行传播与分享，扩大资源的影响范围，真正实现资源价值的最大化。例如，一些视频平台不仅提供了免费上传视频和设置视频访问权限的功能，而且提供了多样的分享形式以便浏览者将视频资源分享至各大社交平台。在这类大型视频平台上，体育运动技术教程类视频的访问量以十万甚至百万为单位计数。

人们通过互联网随时随地发生学习行为的终身学习时代已经来临，其突破了时间和空间对学习的限制。在国家大力推进教育信息化的背景下，学校体育课程只有跟随信息技术手段的更新、不断建设并提供优质的数字化教育资源，才能不被学习者抛弃，并真正发挥其促进教育教学质量提升的作用。并且，通过运用用户思维、简约思维、极致思维、社会化思维和迭代思维等对学校体育数字化教育资源进行改造与优化，可实现资源展示的准确性与访问的便捷性、资源内容选择组织的主题化与模块化、资源呈现形式的富媒体化与可视化、资源更新的及时化与效果反馈渠道的多样化，以及资源覆盖的全面化与影响的最大化，充分体现用户体验至上，提升我国学校体育优质数字化教育资源建设的应用效果。

第二章 高中体育教学基本原理研究

第一节 高中体育教学目标及其陈述

教学目标是一堂课中教学的方向，同时也是评价一堂课是否是好课的标准。教学设计是根据教学对象和教学内容，确定合适的教学起点与终点，将教学诸要素有序、优化安排，形成教学方案的过程。教学设计是从确定教学目标开始的。

一、体育教学目标的功能

教学目标在教学中有三种主要功能：导学、导教、导评价。教学是一种有明确目的的活动，这种目的性渗透到课堂教学之中，便由每堂课的教学目标来体现。教学目标对于指导课堂教学实施具有非常重要的作用，假设课堂教学没有预先设定教学目标，那么在教学过程中，教师的教学就可能会变得没有方向，没有尺度；学生也会感到非常迷茫，不知道自己的学习方向。由此看来，教师的教学离不开教学目标，学生的学习也离不开教学目标，与教学相关的活动也离不开教学目标，教学目标的确有着非常重要的功能。

（一）指导教师对教学过程进行设计与实施

作为教学设计者的教师，一旦确立了教学目标，就可以继续确定与之相适应的教学材料、教学方法和教学媒体等。从这个角度来说，教学目标对教师设计与实施教学的确起着重要的指导作用。教学目标可以帮助教师明确教学思路，确定通过哪些途径能更好地完成教学任务，知道怎样合理地组织教学内容。例如，当一节课的教学目标是学生对常识性体育知识的掌握时，教师就可以选择"接受性学习"的教学方法（如讲授法）；当教学目标侧重学生对运动知识的探究时，教学方法的确定就应考虑让学生开展"发现性学习"，这时的教学方法以教师的宏观指导为佳；当教学目标侧重学生对具体事物的分类或区别时，选择直观的教学媒体就显得非常必要。例如，当一节课的教学目标是关于跑的分类及其特征的内容时，教师便可以考虑应用多媒体将各种各样的跑呈现出来。教学目标在教学过程设计中，尤其是在教学手段的选择中，具有决定性的导向作用。

（二）引导学生的学习进程

教学目标通常被表述为预期的学习结果，要想使学生能够获得良好的学习结果，教师应当让学生明确自己的学习目标，使学习具有方向性。目标明确与否，在很大程度上决定了学生的学习态度和学习效果。学生有了清楚的目标，就能做到心中有数，产生强烈的参与感，积极地投入到学习活动中去。学习目标还能使学生清楚地了解自己的学习内容，确定哪些方面有待加强，从而制订出切实可行的学习计划。学生一旦明确了自己的努力方向，便能够产生强烈的学习热情，增强完成学习任务的责任感，提高课业学习的效率。总之，教学目标对学生的学习具有很重要的导向和激励作用。

（三）提供教学评价的依据

教学评价是教学过程的一个重要环节，是对学生达成教学目标程度的检验。而要检验学生的学习情况，首先要有一个关于学习内容的评价标准。这个标准就是教学开始之前确定好的教学目标，反映学生经过一个学习过程之后应该达到的程度。教学目标是进行科学测试和作出客观评价的基础，教学评价必须以教学目标为依据。无论是实施诊断性评价，还是进行形成性评价，在编制测验内容时都要以教学目标为依据。此外，教学目标还有助于学生对自己的学习情况进行评价，找出自己的学习现状与教学目标要求之间的差距，从而有针对性地调整自己的学习策略。由此看来，教学目标不但为教师评价学生提供了参照，而且还对学生的自我评价有很强的指导作用。

除了以上讨论的作用以外，教学目标还有其他一些作用。例如，对于学校与家长之间的沟通来说，教学目标也具有重要的意义，教学目标能使家长更明确地知道子女在学校中的学习内容和进度，有助于学校与家长之间针对学生的学习情况进行交流。

既然教学目标如此重要，那么对于教师来说，熟知教学目标的相关理论，掌握编写教学目标的相关知识，并且能够针对具体教学内容确定出科学合理的教学目标，也就成为教师必须具备的教学基本技能。

二、体育教学目标的分类

教学目标的分类受到了各个教育流派的重视，他们对其进行了深入的研究，其中布卢姆等人的教育目标分类学对体育教学设计中体育教学目标的设计影响最大。布卢姆的教育目标分类系统把教学目标分成认知、动作技能和情感三大领域。

（一）认知领域的目标

1. 认知领域的全体目标

（1）"知道"是认知领域中最低水平的目标，主要是对已学过的知识的回忆，包括具体事实、方法、过程、理论以及类型、结构和背景等的回忆。"知道"是这个领域中最低水平的认知学习结果，它所要求的心理过程主要是记忆，例如，知道单手身上投篮有哪几个部位发力。

（2）"领会"是最简单的理解，是指把握知识意义的能力，可借助解释、转换、推断三种方式来表明对知识的理解。解释是指能用自己的话对某一信息（如插图、数据等）加以说明或概述；转换是指能用自己的话或用与原先的表述不同的方式来表达所学内容，包括文字叙述、表述式、图式、操作之间的翻译或互换；推断是预测发展的趋势，例如，能根据动作的形式对动作进行分类。

（3）"应用"是指把所学知识应用于新情境的能力，包括概念、原理、规律、方法、理论的应用。它与"领会"的区别在于是否涉及这一项知识以外的事物，例如，能应用"鞭打动作"进行投掷练习。

（4）"分析"是指把复杂的知识整体材料分解成部分，并理解各部分之间联系的能力，例如，对一个完整的动作进行分解。

（5）"综合"与"分析"相反，是指将所学知识的各部分重新组合，形成一个知识整体的能力。"综合"强调创造能力和形成新的知识结构的能力，包括能突破常规思维模式，提出一种新的想法或解决问题的方法；能按自己的想法整理学过的知识，对条件不完整的问题，能创设条件，构成完整的问题，设计一个解决问题的方案等，例如，对学过的技术动作进行组合编排。

（6）"评价"是指对用来达到特定目标和学习内容、材料和方法给予价值判断的能力，例如，能对同一种项目不同练习方法进行比较、分析和评价等。

2. 高中体育认知领域的目标

特别需要指出的是，目标设计的层次分得越细越科学，越不利于操作。反之，层次分得较粗，虽然可操作性强，但科学性不够。所以，从科学性和可操作性两个层面去考虑，一般将教学目标分为三个或四个层级。例如，体育与健康课教学在认知领域的要求由低到高分为三个层次，而了解、理解和综合应用。

（1）了解。对所学体育动作知识有初步认识，能够正确复述、再现、辨认或直接使用。

（2）理解（掌握）。领会所学体育知识的含义及其适用条件，能够正确判断、解释和说明有关体育动作和问题，即不仅"知其然"，还能"知其所以然"。

（3）综合应用。在理解所学各部分体育动作的本质区别与内在联系的基础上，运用所掌握的知识进行必要的分析、类推或解释、论证一些具体的体育问题。

（二）动作技能领域的目标

1. 动作技能领域的全体目标

（1）"知觉"是指运用感官获得信息以指导动作，主要了解与某种动作技能有关的知识、性质、功能等，例如，能背出动作要领等。

（2）"准备"是指为适应某动作技能的学习做好心理上、身体上、情绪上的准备。

（3）"反应"是指能在教师的指导下表现有关动作行为，例如，在体育教师帮助下完成动作。

（4）"自动化"是指经过一定程度的练习，对于要掌握的动作已形成熟练的技能，例如，能正确、迅速地完成体操侧手翻动作等。

（5）"复杂的外显反应"是指能用最少的时间和精力表现全套动作技能，一气呵成，连贯娴熟，得心应手，例如，能熟练完成从运球到投篮的动作。

（6）"适应"是指已练就的动作技能具有应变能力，能适应环境条件和要求的变化，例如，能根据体操摆腿原理完成单杠曲身上动作等。

（7）"创新"是指在学习某种技能的过程中，形成了一种创造新的动作技能的能力，例如，能改进技术动作完成的方法。

2. 高中体育动作技能领域的目标

体育与健康课教学在动作技能领域的要求由低到高分为三个层次：模仿水平、独立操作和迁移水平。

（1）模仿水平，包括在原型示范和具体指导下完成操作，对所提供的对象进行模拟、修改等。

（2）独立操作，包括独立完成操作，进行调整与改进，尝试与已有技能建立联系等。

（3）迁移水平，包括在新的情境下运用已有技能，理解同一技能在不同情境中的适用性等。

（三）情感领域的目标

1. 情感领域的全体目标

（1）"接受"是情感的起点，是指愿意注意某一特定事件或活动，例如，认真听课、参加班级活动、意识到某事的重要性等。

（2）"反应"比"接受"更进一层，是指愿意以某种方式加入某事，以示做出反应，例如，完成教师布置的练习、参加分组练习、遵守校纪校规、同意某事、热心参加体育课余活动等。

（3）"价值化"是指学生将特殊的对象、现象或行为与一定的价值标准相联系，包括接受某种价值标准（如愿意改进与团体交往的技能），偏爱某种价值标准和为某种价值标准做奉献（如为发挥集体的有效作用而承担义务）。这一阶段的学习结果所涉及的行为一致性和稳定性使得这种价值标准清晰可辨。价值化与教师通常所说的"态度"类似。

（4）"组织"涉及价值的概念化和价值系统的组织化，通过将许多不同的价值标准组合在一起，克服它们之间的矛盾、冲突，开始建立内在一致的价值体系。"组织"的重点是将许多价值标准进行比较、关联和系统化。学习的结果可能涉及某一价值系统的组织，例如，与人生哲学有关的教学目标就属于这一级水平。

（5）"个性化"是情感教育的最高境界，是指内化了的价值体系变成了学习者的性格特征，即形成了人生观、世界观，例如，保持良好的健康习惯、在团体中表现合作精神等。

2. 高中体育情感领域的目标

体育与健康课教学在情感与价值观方面的要求由低到高分为三个层次：经历（感受）水平、反（认同）水平、领悟（内化）水平。

（1）经历（感受）水平，包括独立从事或合作参与相关活动，建立感性认识等。

（2）反应（认同）水平，包括在经历基础上表达感受、态度和价值判断，作出相应的反应等。

（3）领悟（内化）水平，包括具有相对稳定的态度、表现出持续的行为、具有个性化的价值观念等。

以上为了讨论的方便，把教学目标分成三类。在现实的教学中，三种类型的学习有时会同时发生。例如，在学习某一教学内容时，同时会渗透着情感、态度、意向、技能等。所以，我们通常把三类目标称为"三位一体"教学目标。因此，在确定具体的教学目标时，要综合考虑某一学习内容的不同类型的学习目标，使学生在认知、技能、情感等方面得到协调发展。

三、体育教学目标的陈述

教学目标的四要素：①教学对象，说明教学的对象是谁；②行为，说明学生在学习后，其学习行为，说明学生做什么；③条件，说明学生在完成学习任务时所允许的条件；④程度，提出评价学生达成目标的标准。

根据行为动词可评价、可测量的要求，国家课程标准在充分考虑已有经验与可接受性的前提下，确定了国家课程标准中的学习水平与行为动词的基本要求。课程标准大体上按结果性目标与体验性目标来陈述，并确定相应的学习水平，规范适当的行为动词，旨在保证国家课程标准既具有一定的严肃性，又具有一定的清晰度。

（一）教学目标的学习水平与行为动词的选择

1. 知识

（1）了解水平，包括再认或回忆知识，识别、辨认事实或证据，举出例子，描述对象的基本特征等。行为动词包括说出、背诵、辨认、回忆、选出、列举、复述、描述、识别、再认等。

（2）理解水平，包括把握内在逻辑联系，与已有知识建立联系，进行解释、推断、区分、扩展、提供证据、收集、整理信息等。行为动词如解释、说明、阐明、比较、分类、归纳、概述、概括、判断、区别、提供、猜测、预测、估计、推断、检索、收集、整理等。

（3）应用水平，包括在新的情境中使用抽象的概念、原则，进行总结、推广，建立不同情境下的合理联系等。行为动词如应用、使用、质疑、辩护、设计、解决、撰写、拟定、检验、计划、总结、推广、证明、评价等。

2. 技能

（1）模仿水平，包括在原型示范和具体指导下完成操作，对所提供的对象进行模拟、修改等。行为动词如模拟、重复、再现、模仿、例证、临摹、扩展、缩写等。

（2）独立操作水平，包括独立完成操作，进行调整与改进，尝试与已有技能建立联系等。行为动词如完成、表现、制定、解决、拟定、安装、绘制、测量、尝试、实验等。

（4）迁移水平，包括在新的情境下运用已有技能，理解同一技能在不同情境中的适用性等。行为动词如联系、转换、灵活运用、举一反三、触类旁通等。

（二）体验性目标的学习水平与行为动词

（1）经历（感受）水平，包括独立从事或合作参与相关活动，建立感性认识等。行为动词如经历、感受、参加、参与、尝试、寻找、讨论、交流、合作、分享、参观、访问、考察、接触、体验等。

（2）反应（认同）水平，包括在经历基础上表达感受、态度和价值判断，作出相应的反应等。行为动词如遵守、拒绝、认可、认同、承认、接受、同意、反对、意愿、欣赏、称赞、喜欢、讨厌、感兴趣、关心、关注、重视、采用、采纳、支持、尊重、爱护、珍惜、蔑视、怀疑、摒弃、抵制、克服、拥护、帮助等。

（3）领悟（内化）水平，包括具有相对稳定的态度，表现出持续的行为，具有个性化的价值观念等.行为动词如形成、养成、具有、热爱、树立、建立、坚持、保持、确立、追求等。

第二节 高中体育教学计划的制订

一、高中体育教学计划的内容与制订步骤

（一）高中体育教学计划的内容

体育教学工作计划是教师顺利完成教学目标不可缺少的文件，它是体育教师有目的、有计划地组织实施课堂教学的重要依据。在制订教学计划时，首先考虑的是动作的难度系数，越难的动作，教学时数就越多。其次考虑到是动作技能的相关性，在安排相关的教学内容时要考虑其出现的先后次序，如跳箱的滚翻一般安排在技巧的滚翻学习之后。这样的安排是教师们在工作中经验的总结，有一定的科学依据，但它是传统的以竞技运动技术教学为中心的教育理念下的产物，没有很好地从增进学生健康的角度来考虑。课程标准的主要特点是按水平划分学习阶段和按学习的五个方面设置具体目标。普通高中体育与健康课程标准虽然将课程内容划分为七个模块，但并没有对具体的内容作硬性的规定和限制，学校和教师的自主权大了，但也给教学计划的制订带来了一定的困难。为了克服教学的盲目性、片面性和随意性，全面实现运动参与、运动技能、身体健康、心理健康和社会适应五个学习方面的具体目标，在教学时应认真制订好教学计划。

根据高中体育与健康课程标准的精神，学校体育教学工作计划包括水平教学工作计划、学年教学工作计划、学期教学工作计划（教学进度）、单元教学工作计划和课时工作计划（教案）五种。

（二）高中体育计划的制订步骤

制订教学工作计划的步骤如下：

（1）根据课程总目标和五个学习方面的具体目标制订水平教学计划。

（2）根据水平教学计划确定学年学习目标。根据"健康第一"的指导思想以及学校场地、器材的条件来确定每个学年的学习内容及各项学习内容的时数比例，并制订年度教学计划。

（3）根据年级学习目标和学习内容的安排制订年度教学计划。

（4）根据年度教学计划制订学期教学计划和单元教学计划。

（5）根据学期教学计划和单元教学计划制订课时计划。

二、水平教学计划的制订

（一）水平教学计划的制订步骤

水平教学计划是根据各水平的具体目标和要求制订的，是学生达成各项目标的统筹计划。在制订水平教学计划时应对整个水平阶段有一个整体的考虑，并结合本校的实际情况，把各水平目标所呈现的内容标准加以具体化，并分配到每个学期中，以便从总体上把握学习内容和要求，全面达成和落实课程目标。

制订水平教学计划的具体步骤如下：

（1）对水平目标进行认真研究，并将目标群进行合理分割，安排到高中三年的六个学期中。

（2）针对学期目标，结合本校实际，认真、仔细地筛选学习内容。

（3）优化组合学习内容，制订水平教学计划。

高中体育课程标准是以高中三年（水平五）学段来构建教学计划的，打破了过去按年级规定教学内容、编制教学计划的模式，将高一、高二、高三年级统称为水平五。

（二）教学计划设计的要求

1. 筛选教学模块教材内容

（1）从学生体育学习态度、兴趣、能力需要出发，在学校范围内采用问卷调查、学生座谈会等多种方式与学生进行交流，了解本校学生对体育课程教学的要求，并将这些信息汇总统计，把学生选择的体育项目按内容排列。

（2）根据地方与本校课程方案要求、学校场地器材现实、体育教师自身条件能力情况，列出能开设的课程模块教材内容细目。

（3）根据课程综合性、均衡性、选择性要求，结合体育与健康课程总目标，列出开设模块教材内容清单，进行整合排列。综合性是指注重学科内容的逻辑体系，注重学生的认知特点和生活经验；均衡性是指课程内容符合学生身心全面发展要求；选择性是指根据学生兴趣、爱好和需要，提供丰富的模块项目内容供学生选择，满足学生个体化发展需要。

（4）对模块教材内容分类，并对同一类学习内容进行逻辑排列，为模块教材知识体系、教材搭配的整合奠定基础。需要注意的是，当对同一类教材内容排列搭配时，可按模块项目的内在知识体系，在水平五与水平六中体现教学内容的难易顺序。

2. 教学模块组合学习

（1）高中课标中制定出的七大系列教学模块教材内容，可以组合若干个与此相对应的模块项目教学。一个教学模块教材内容与另一个教学模块教材内容组合成学习模块是水平教学计划制订的重点、难点。

（2）在筛选教学模块教材内容基础上，对已选择的同一类教材内容进行逻辑排序。逻辑排序时要根据学生认知特点和学科体系操作，防止单一从学科体系进行排列。

（3）将一个教学模块中的教材内容设计成若干小单元组合学习，初步确定同一模块项目内容以及在教学过程中出现的先后顺序。

（三）教学计划设计的步骤

1. 制定模块教学目标

将整体目标划分成若干层次的子目标，这是常用的一种分解水平目标的方法。高中体育课程共有十二个学习模块，如何在十二个模块内容选择学习后有效达成五个方面的教学目标，是制订教学计划时应仔细考虑的问题。建议教师在制定三年六个学期总体目标时，将每个模块可能偏重实现的目标予以体现，以使每个模块项目学习内容的主要目标和次要目标清晰，有利于总体目标的达成。在将整体目标划分成若干层次的子目标时，教师应注意各层次目标之间的纵横联系，每一目标的实现都不是唯一性的，同时涉及其他目标的达成。例如，一组以运动技能为主的子目标集合中实际上也包含了运动参与、社会适应方面等子目标，五个方面的目标是紧密相连的。

2. 教学模块教材内容确定

根据总体目标和各模块教材层次目标，选择有利于模块目标实现的教学内容，以两至三个模块为主，注意每个模块的学习量，应使各个模块项目的学习内容大致相等。同时，按照模块教材目标的要求，再对模块内容进行细致设计。设计时要注意模块教材内容出现的逻辑顺序，应与学生认识水平和生活经验相结合。在此基础上，制订一份完整的教学计划表。

三、单元教学计划的制订

（一）单元教学计划及其特点

单元教学计划是水平教学计划与模块教学计划的细化。水平教学计划与模块教学计划的实施都是通过单元教学的形式来实现的。所谓高中教学单元，是高中教学模块的下位、课的上位概念，即单元由课组成，将若干节课组成一个教学单元。若干节课之所以能形成一个独立的单元，是因为这几节课有内在的联系，形成了一个有机的教学过程的整体，其教学内容也集合成了一个板块。单元教学计划是一至两项教学内容搭配后，集合的表述形式。

新高中课程强调在教学设计中，既要注意水平教学计划的整体构思，又要注意模块教学计划的排列，更要突出单元计划的编排。单元教学计划可以看成构成水平教学计划、实现模块教学计划的核心。

新高中课程单元教学计划不同于传统教学计划中的学期教学计划。从概念上分析，单元教学计划小于学期教学计划，即在一个学期里可能出现四至十五个单元不等。单元教学计划的制订使模块的实现具有更好的严密性、更大的灵活性、更多的独立性，这突出了单元教学计划制订的五大特点：①单元教学计划可以具有一定的约束力与灵活性。②单元教学计划可以具有系统性与完整性。③单元教学计划可以充分体现运动技能教学的连续性。④单元教学计划是制订学时计划的依据，对于实施每课时教学具有指导作用。⑤单元教学计划可以将若干个教材搭配组合成复合单元，以利于完成模块教学。

（二）单元教学计划制订的意义

单元教学计划，是指按照某一水平教学阶段的教学计划，把一项教学内容的教学目标、教学重点与难点、教与学的方法和手段、教学步骤、教学组织形式、教学评价、教学资源开发等因素，按照课次相互衔接、科学系统地进行编排的计划，反映了教师对该项内容教学的整体构思和设计，是对水平阶段教学计划的具体化。

（三）单元教学计划制订的步骤

1. 确定教学目标

单元教学目标的确定应依据学期教学目标（计划），单元教学目标是学期教学目标的进一步细化和具体，又是课时教学目标的纲领，具有承上启下的纽带作用。单元教学目标包括知识目标、技能目标、体能目标和情感目标。

（1）知识目标。知识目标是指通过本单元的学习，学生所要了解或知道、掌握的体育与健康的知识或有关本单元的体育知识。

（2）技能目标。技能目标是指通过本单元的学习，学生所要掌握和运用的运动技术和能力。

（3）体能目标。体能目标是指在本单元的学习过程中，学生所要锻炼或发展的身体素质与运动能力。

（4）情感目标。情感目标是指在本单元学习过程中，教师所要贯彻的思想教育渗透。

2. 设置课时数

单元教学课时直接影响学习内容的广度和深度及单元教学目标的达成度。在分配单元课时数时要充分依据学期教学计划与学期教学目标，合理设置，并根据单元课时数的设置合理分配重点、难点与教学内容。对于学生兴趣大，又有利于增强学生体能、培养学生终身体育意识的单元，课时数可以设置得多一些，教学内容可以设置得广一些、深一些。对于那些与实际生活联系少，学生又不太感兴趣的单元，课时数可以设置得少一些，让学生做到了解或基本掌握即可。

3. 分析重难点

在单元教学计划中，本单元的教学重点和难点应根据教材内容和学生的实际情况进行技术和体能的分析来确定，并把重点和难点分配到教学课时中去，通过课时教学的重难点突破来完成单元教学重难点的突破。

4. 构建教材内容分类和具体教材内容

教学单元是学习内容的集合，教师在设计和构建教学单元时是以教材内容为基础的，教师如何选择合适的教材内容，使课程目标得以实现，这给教师参与课程内容的构建留下了较大的空间。构建教学单元首要的工作是对课程目标进行具体分析，因为对于有些课程目标，学校可能没有条件开展教学活动，学生难以达成；对于有些课程目标，学生可能早已达成，学校要根据条件深化。因此，各校要在学校层面上分析整合课程目标，结合本地区学校的教学计划，列出适合学校条件的教学内容。

（1）根据学校的具体条件、学生发展特点、教师的实际水平和目标进行分析、整合，确定符合学校实际条件，适应学生发展水平且可能实现的，具有学校特色的体育与健康课程学习目标体系。

（2）根据学校整合的体育与健康课学习目标体系，明确学习目标体系中哪些目标可以引领教学内容，哪些目标不能引领教学内容。

（3）根据能引领教学内容的目标确定本校的体育课程教学内容的分类并列出相应的学习内容。当然，课程内容的分类并不要求学生从整体上都要学习，只是提出了可供选择的"菜单"。

（四）单元教学计划制订的要点

具体来说，制订单元教学计划应注意以下两点：

（1）"先定教学目标再定教学内容"的思想。高中阶段的教学内容更偏重于专项运动技能的学习和应用，教师在制订单元教学计划时，可以先确定教学目标再确定教学内容，注意将教学内容置于教学目标的管理之下，即在安排教学内容时，须尽量考虑如何实现多方面教学目标。例如，当进行武术运动单元教学时，应考虑在提高学生武术运动技能水平和增强学生体能的同时，还要提高学生的心理素质和社会适应能力。

（2）"先定教学内容再定教学目标"的思想。高中阶段学习七大系列若干模块的确定可以根据学校实际先选定，在定好教学内容的基础上，根据学生基础、能力再确定不同层次的教学目标。例如，在选择了排球教材内容以后，根据运动技能与需要来制定单元与课时教学目标。高中体育课程的教学内容强调与学生生活经验相联系，强调竞技运动教材化的思想，以激发学生的学练兴趣，促进学生有效学习，如体操教学中可安排绳操、棍棒操、健身健美操、现代舞，投掷项目既可安排正规的投掷项目（器材可改变），也可安排非正规的轻器械代替（如垒球、实心球、羽毛球）。

总之，单元教学计划的制订必须体现继承与创新和学生发展为中心思想。

四、学年教学计划的制订

学年教学工作计划也称为年度教学工作计划，是指以年级为单位，依据国家规定的课程标准。结合学校实际和学生年龄特点，对全年学习内容和考核项目的规划，是制订学期教学计划和其他教学计划的依据。

制订学年教学工作计划的步骤如下：

（1）认真学习和钻研课程标准五个学习方面水平五（或水平六）提供的内容，明确各项内容的性质和学习目标，分析这些内容与学年设置的联系，确定测评项目。

（2）根据年级目标及上一学年教学工作总结和学生目标的达成情况（包括对五个学习方面水平目标的达成情况），恰当提出和确定本年级的教与学的要求。

（3）计算学年教学总时数。高中体育与健康课通常按每周两学时安排，每学期按十八个教学周计算，学期总课时为三十六学时，学年总课时为七十二学时。为了便于学生对所选模块进行系统的学习，一般将每个模块的学习时数定为十八学时，这样每学期就可安排一至两个学习模块的学习。

（4）选择五个学习方面水平五（或水平六）的内容，预计时数比例，制订出学年教学工作计划。

五、学期教学计划的制订

学期教学计划也称为教学进度。学期教学计划的制订应依据学年教学计划，并在学年教学计划的基础上将学习目标、学习内容、教学时数具体化，使学期教学工作有更强的实践性和可操作性。认真设计学期教学计划，合理安排每节课的学习内容，对加强教学工作的计划性、科学性，完成各学习方面的目标具有十分重要的意义。学期教学计划集中反映了教学工作的进程，是教师日常备课或编写课时计划的直接依据。所以，教师在每学期开学前，都要在总结上学期教学目标达成情况的基础上设计好本学期教学进度。

（一）学期教学计划设计的思路

（1）学期教学计划以教学单元的形式进行安排。为了集中时间学习和掌握运动技能，多采用单一的教学单元（一个单元教授一个学习内容），如果学校条件差（如体育器材少）也可以采用复式单元（一节课采用两项或两项以上的学习内容）。

（2）在安排每个学期的学习内容时，要考虑运动项目的多样化和全面性，不能只是安排一至两个项目。

（3）理论知识的讲授可采用集中讲授（通过安排理论知识课进行讲授）和分散在实践课中讲授相结合的方式进行。集中讲授的时间一般控制在每学期课时数的 10% 左右，更多的理论知识可通过实践课的学习进行讲授，以利于学生锻炼身体。

（4）课程标准拓展了体育课程的功能，把运动参与、心理健康、社会适应这些隐性目标显性化，有利于促进学生的身心健康发展。

（二）学期教学计划制订的步骤

制订学期教学计划有以下两个步骤：

（1）以学年教学计划为依据，确定学期目标。

（2）根据学期目标确定各项学习内容和教学时数，制订出学期教学计划。

六、学时教学计划的制订

（一）学时教学计划的制订要求

在制订了水平与单元教学计划以后，教师就可以根据单元教学计划制订学时计划。作为一种计划，它应该具有前瞻性和可操作性，要能看到预期的结果，应该可以顺利地执行；同时，计划还应该具有后续性和灵活性，计划的内容不是终结性的内容，而应具有可持续性的发展余地，计划还可以根据实际情况的变化及时调整。

（二）学时教学计划的构成要素

1. 学习目标

（1）学习目标统领学习内容。体育与健康课程坚持以目标体系领教学内容，这是与传统的体育课程最大的区别。

（2）学习目标与教学目标。教学目标是教师期望通过教学达到的结果，而学习目标则是每一个学生的期望。学生在明确学习目标后，可以根据自己原有的基础，选择适合自己学习的基本技术进行练习。

（3）学习目标的确定。单元教学计划已经将学习目标具体化了。但有一点应该特别注意，就是学习目标的主次应该分清。也就是说，一节课可能会有多重目标，也可能会涉及多个方面，此时，最主要的学习目标应该写在最前面。学习目标是可以向学生公布的显性目标，教师甚至可以在每一节课上都用小黑板把学习目标书写上去，鼓励学生用自己的方法和手段来实现目标。如果教师设置了一大堆目标，那么学生就会不知所措。

2. 学习内容

（1）学生选择学习内容。一旦学习目标确定了，教师对整节课就会有一个全盘的打算，就是课的"设计"，随后完善课的细节，即所谓的"制订"。教师在制订学时计划时，如果考虑学生的学习基础与接受能力的差异很大，就应该鼓励并允许每一个学生根据自己的具体情况选择不同的学习内容，并取得不同的收获。教师应该允许学生做出自己的选择来达成学习目标。

（2）教师提供选择内容。在更多的情况下，教师可以在制订的学时计划中主动地为学生提供一定的选择内容。由于新体育课提倡采用目标统领学习内容的做法，学习内容是受学习目标制约的。在同一学习目标下，确实存在着多种途径达成目标的可能性。因此，教师在设计过程中，就应考虑为学生提供多种学习途径以便选择。例如，在教师设计发展体能的教学单元时，就完全可以给予学生很大的选择权。每个学生的体能基础状况有很大的差异，每个学生需要发展的体能是不一样的，教师在制订学时计划时，应该考虑以类似运动处方的形式提供给每个学生不同的练习内容，使他们各自进行锻炼，从而实现学习目标。此外，即使是为了达成同一个学习目标，如发展位移速度，教师也可以提供给学生更多的学习内容，如三十至四十米短距离跑、让位跑、下坡跑、顺风跑等，可以通过其他活动形式来发展学生的位移速度，如在球类活动中、在竞赛中发展速度等。

3. 学习方式

（1）接受式的学习方式。传统的体育教学通常采用接受式的学习方式。接受式的学习方式并非一无是处，在适当的情况下仍然是必需的，但不应过于强调这种被动式的学习方式，不要只是采用这种单一的学习方式。体育学习在许多情况下确实避免不了使用接受式的学习方式。例如，对于一些健美操的动作学习，最初，学生需要模仿教师的动作去做。学习武术也是如此。但是，教师在课堂教学中不应全盘采用这种学习方式，应该根据学生已有的基础，鼓励学生采用多种学习方式，以提高学习效果。

（2）自主学习。教师在课堂教学设计中要尽量提供给学生自主学习的机会。例如，在学生对健美操有了一定基础后，教师就可以给学生提供自编自练的机会，或者让学生在自编后在同伴面前展示自己的成果。在给予学生自主学习的设计中，教师应该处于关心、指导、帮助的地位，让每一个学生通过自编、自练和展示这样一个过程，获得成就感，增强自尊与自信，提高自主学习能力。

（3）合作学习。体育学习在很多情况下需要合作与帮助，在教学中、在竞赛中都需要合作意识,这将对学生今后的社会生活起到重要作用。因此,教师在课堂教学中,要尽量发挥体育学习在这方面的功能与作用,组织好学生的合作学习。例如,在设计有氧操教学时,教师可以充分利用学生的集体练习,促进学生形成互帮互动的学习方式。在各种球类小型比赛中,教师可以通过自定规则来促进学生的合作。例如,在篮球比赛中,教师设计了一种不能运球的比赛形式,这大大增加了同伴之间的合作机会,因为此时只能通过传球来实现人在球场上的移动。这种学习方式降低了"球星"的作用,合作的重要性也就突显了出来。

(4)探究学习。现代教学不仅要求教师教会学生获取知识,更重要的是教会学生学习的方法,让学生有能力去探索未知的世界。探究式的学习方式有利于培养学生探索未知世界的能力。教师在制订教学计划时,可以适当地考虑给予学生一定的探索未知知识的机会,这对学生未来的成长极有帮助。此外,在新体育课程的教学中,由于强调了目标教学的原则,教师可以为学生完成学习目标提供多种途径,并给予学生充分的时间和空间去探索达成学习目标的途径。探究式学习虽然在最初耗时较多,但随着运用次数的增多,将会对以后的学习产生巨大影响。因此,教师在设计课堂教学时应该对这一新型的学习方式给予足够的重视。

第三节 高中体育教学环境的创设

一、高中体育课堂心理氛围的营造

课堂心理氛围是指学生群体在共同活动中表现出来的占优势的、较为稳定的群体态度与情绪状态。良好的课堂心理氛围是保证教学顺利开展的重要条件,源于平等、民主的师生关系,以及健康、和谐的课堂班集体氛围。

(一)平等的师生关系

1. 师生关系的解读

师生关系是教育教学的一个永恒话题,具有十分重要的教育功能。良好的师生关系是教学活动发生的前提,也是教学产生效能的关键。和谐的师生关系有助于营造融洽的课堂气氛,能够调动学生的学习积极性,有助于满足学生的情感需要,促进学生认知、情感、人格等方面的发展。

在教学实践中,对于如何处理好师生关系和师生间应当建立怎样的关系,一直有着不同的理解。在传统教学观的影响下,师生关系并非像人们希望的那样,师生间互相尊敬、热爱,互相得到满意的回报。一部分教师习惯于高高在上,虽然口头上承认学生的主体性,但在实际教学中却漠视学生的独立人格和尊严,致使师生关系紧张。

师生关系首先是一种交往关系,交往的基础是双方都是具有独立人格的主体,无高低强弱之分,新型的师生关系应当是平等的、理解的、双向的关系。要建立师生间平等、民主的相互关系,教师首先要树立平等意识,尊重学生的人格尊严,把学生看作具有独立人格的主体;其次要树立民主意识,在处理教学问题时本着民主的原则,尊重学生的权利,让课堂成为学生民主参与的课堂。

2. 师生关系的建立

良好的师生关系的具体表现为:师生间相互信任、相互关心、以诚相待、理解对方、接纳对方,相互尊重对方的个性和独立性,能进行有效的沟通和交流,相互适应和满足对方的需要。体育教师要想使师生关系达到这样一些要求,需要在以下三个方面做出努力:

(1)热爱、关心学生,对所有学生寄予信赖和期望。热爱每一个学生是教师最基本的职业道德,教师对学生的公正无私的爱具有巨大的教育力量,是教育效果发生的前提。教师对学生真诚的爱能唤起学生真诚的信任和心灵深处最纯洁的情感。有了对学生的发自内心的爱,教师就能真诚地对待每一个学生,相信每一个学生,对所有学生一视同仁,对所有学生都寄予信赖和期望。

(2)尊重学生的主体性,尊重学生的人格和权利。在传统的"师道尊严"观念影响下形成的权威与服从的师生关系,已经不适应现代社会和现代教育的要求。在建设民主社会的过程中,教育理所当然要承担起培养公民民主意识和民主精神的责任。尊重人的主体性,张扬每个人的个性已经成为现代教育最重要的理念。尊重主体性的核心在于尊重学生作为人的价值。今天的体育教师应从观念上彻底改变传统的师生观,真正做到尊重学生的人格和权利。在教学中,教师要给学生自由表达自己的空间,鼓励他们大胆发表个人见解,支持他们有创见性的观点，同时，鼓励和欣赏学生的每一次进步，在内心深处始终对学生未来成长持积极的态度。只有实现观念上的彻底转变，体育教师才能真正与学生建立起平等民主的师生关系。

（3）真正发扬教学民主，实现师生有效的沟通交流。对学生的热爱、关心和对学生主体性的尊重，不仅要体现在理念中，更要体现在教学活动中。教师在教学中应当充分发扬民主。例如，课堂规则的制定应充分征求学生意见，对于重大事件的决定应与学生共同商讨，不能独断专行。在整个教学过程中，教师要经常听取学生的意见和建议，建立课堂教学的民主机制，让学生有机会反映自己的心声。在处理学生问题时，教师要公正、客观，对所有学生一视同仁，不偏袒、不歧视、不搞强权高压，而是要通过民主对话来帮助学生提高认识。

没有师生间的有效沟通，良好的师生关系是不可能建立起来的。沟通是教育产生效能的前提，沟通的效果如何决定了教育效能的大小。可以说，沟通能力是教师最基本的教育能力。为了与学生建立有效沟通的机制，体育教师应当做到以下三点：

第一，具有同理心。教师要接纳学生的看法和感受，设身处地从学生的立场看待问题，并向学生表达出教师对他们的了解。

第二，正确运用教学语言。教师要掌握语言表达的技巧，尤其是表扬和批评的技巧，并且会运用丰富的体态语来增进沟通。

第三，学会积极、耐心地聆听。通过仔细聆听，教师可以更为准确地了解和理解学生的内心感受，帮助学生发现问题所在，而不是完全由教师来告诉学生，使学生感到应对自己的行为负责任，从而主动地解决存在的问题。

（二）营造和谐的班集体氛围

和谐的班集体氛围表现为师生关系融洽，课堂纪律良好，课堂气氛活跃，学生积极、主动的学习，有思考、探究的愿望和热情。良好的课堂气氛有利于学生之间的交往和学习，学生在课堂中既能遵守纪律又不受拘束，既广开思路，参与学习活动，又不偏离课堂内容的主题。营造和谐的班集体氛围，要从建立良好的师生关系、制定有效的课堂规则、搞好班级组织建设、开展有效的课堂教学展现教师积极的期望和评价等方面入手。

1. 课堂规则的建立与实施

课堂规则一方面具有维护课堂秩序、规范课堂行为的功能，另一方面具有培养良好行为、促进课堂学习的功能。课堂规则在形成良好班风的过程中起着非常重要的作用。教师在建立课堂规则时，应当注意以下四点：

（1）课堂规则的形成和制定要充分发扬民主。规则对于学生来说是外在的规定，只有当规则与学生的内在价值观趋于一致时，学生才能真正认同和遵守。教师应当让学生参与讨论，师生共同制定合适的规则，这样能使学生从内心认同规则，理解规则的意义和必要性，从而自觉遵守。

（2）课堂规则要简明，不宜过多，要合理可行。制定好的规则应当清楚地表述出来，明确的规则能起到约束和指导的作用。规则内容的表述应以正面引导为主，表现出对学生的尊重和期望，发挥积极的强化作用。

（3）课堂规则形成后，应尽快传递给每个学生。教师向学生清楚地解释和阐明，可以使所有学生明了什么是课堂上的正确行为。

（4）在执行课堂规则的过程中，教师要始终如一，不能宽严无度，执行规则要坚决果断，对违反规则的行为要及时、有效的制止，要坚持公平性原则，对所有学生一视同仁教师不能因为偏爱某个学生而有所姑息，但同时要注意考虑学生的个别差异和具体情况，保留适当弹性，不要让学生感觉到委屈。教师对规则的执行情况要经常检查，坚持有始有终，保持连续性。

2. 班级的组织建设

班级的组织建设是一项非常复杂的工作，这里仅对班级中的组织群体问题进行简要讨论。

（1）充分发挥正式群体的作用。建立强有力的班级集体核心是实施有效班级管理的重中之重，教师应充分发挥班干部及班集体核心的组织与领导作用，形成群体一致认同的班级目标和规范。要以群体目标来规范成员的个人行为，培养集体的凝聚力，带动集体成员向着健康的目标前进。要通过抓典型、树榜样，鼓励和提倡积极的个人行为，扩大健康的班集体心理氛围，抵制歪风邪气，引导班级群体的良性发展。

（2）正确引导非正式群体。对于积极型的学生——正式群体，应当加以保护和利用。教师应引导其中的成员相互学习、相互促进，使之纳入班级目标的轨道。对于中间型的非正式群体，教师应积极引导，以宽容的态度允许其发展，加强舆论的正确导向，引导其向积极方面发展。对于消极型的非正式群体要实施转化和瓦解策略，限制其自由发展，对其中可转化的成员尽可能地加以引导和转化，从而逐步缩小其影响力，实现对其组织的瓦解。在对非正式群体的引导和转化过程中,教师必须注意做好核心人物的工作。对于积极型非正式群体和中间型非正式群体中的核心人物,可以让他们在班级中担任一定的干部角色;对于消极型非正式群体的核心人物,应加以严密控制或采取"招安"的方法,以减弱其消极影响。

3. 有效的教学过程

教师能否实施有效的教学,是班集体形成良好的学习风气、营造和谐的班集体氛围的关键。教师在教学中应当做到以下四点:

(1)选择有效的教学策略,精心设计教学活动,创设有利于学生学习的教学情境。

(2)引导学生明确并认同学习目标,养成良好的学习习惯。

(3)鼓励学生创新和实践,营造学生主动探究的氛围。

(4)确立合作性的学习目标,形成合理的竞争机制,调动学生的积极性,充分挖掘学生的潜能,培养和发展学生合作和人际交往的态度与能力,加强班级集体的凝聚力。

4. 积极的期望和评价

期望对于学生成长有重大作用,教师的真诚期望具有情感性、激励性,能缩短师生间的情感距离,激励学生向着教师期望的方向发展。教师在向学生提出期望时,应当注意以下两个方面:

(1)教师的期望应该建立在对学生进行全面分析的基础上,教师要正确分析学生已有的发展水平,发现学生的长处和发展潜能,形成切合学生实际发展水平,又适当高于学生目前发展状况的、合理的、积极的期望,并为学生实现教师期望积极地创造条件。

(2)教师应当合理地分解对学生的期望目标,让学生清楚地理解教师的期望是什么。同时,教师应根据学生的发展状况,不断维持或调整期望目标,帮助学生逐步去实现,使其体验成功的快乐。教师要学会欣赏每位学生的成功,和学生分享实现每一步目标的喜悦,与学生分享教学的乐趣。

在教学中,教师应充分发挥评价在学生发展中的积极作用,用积极合理的评价促进学生发展,培养学生自我评价和自我调节的能力。在班集体建设中,教师可以采取多种方法开展评价,其中,表扬是教师最为常用也是最为有效的一种方法:①表扬学生的行为而不是人格。②表扬不能太廉价或过度。③不要随便把学生互相比较。④公开与私下表扬双管齐下。⑤表扬要尽量公平一致。⑥隐恶扬善，找好不找坏。⑦不计较过去，珍惜学生的这一刻。⑧表扬语言要随机应变。⑨表扬与奖励要结合好。

二、高中体育课堂问题行为管理

课堂管理是教师为了保证课堂教学的秩序和效益，协调课堂中人与事、时间与空间等各种因素之间关系的过程。有效的课堂管理有助于维持课堂秩序，控制和减少课堂问题行为的发生，使更多的学生有更多时间投入到学习中，最终实现学生的自我管理。

课堂管理包括行为管理和时间管理等许多方面的管理。对于教师来说，课堂行为管理，也就是我们平常所说的"纪律问题"，是体育教师最为关注的问题。每天体育教师在课堂教学中都要面对许许多多的课堂问题，处理学生的问题行为往往比教学更为棘手，教师往往对处理学生的问题行为感到困惑和为难。一些年轻体育教师正是因为苦恼于学生问题的处理，而对教学工作乃至教师职业产生了厌倦感。教学效果在很大程度上取决于教师对课堂问题行为的处理能力，只有有效地控制乃至消除课堂问题行为，教师才会有更多的时间和精力来投入教学。课堂管理是一项复杂的活动，与教学相比，存在着更大的变化性和不可预测性。因此，课堂管理一方面需要教师具备灵活的教学机制，另一方面要求教师掌握一定的策略和方法。

（一）课堂问题行为产生的原因

学生问题行为的产生不完全是学生自身的原因，也有教师方面和环境方面的原因。

1. 教师方面的原因

（1）教师教学水平低，如教学过于枯燥死板，缺乏生气，准备不足，不能很好地把握教学进度和难度，过快或过慢、过易或过难都会使学生对学习产生厌倦，对教师威信产生怀疑，从而引发课堂问题行为。

（2）教师组织教学的能力差，不能及时发现和制止问题行为，或对学生要求不当，要求过高或过低，或时紧时松，都会引发学生的问题行为。

2. 学生自身的原因

性别差异对学生问题行为有一定影响。一般来说，男孩儿多出现外向型问题行为，而女孩儿则表现出较多的内向型问题行为。生理特征对学生问题行为的产生也有影响，尤其某些学生的生理障碍可能导致学生的问题行为。对于这类行为，教师要特别注意，通过细心地观察和了解，搞清楚问题的真实原因，不能同正常学生的问题行为一概而论。

更多的问题行为来源于学生的心理缺失，主要反映在焦虑、挫折、性格和个性等方面。面对焦虑和挫折，学生如果选择逃避，此时的问题行为就表现为学生的退缩行为。当焦虑感和挫折感增强时，学生可能会产生逆反心理，表现为烦躁、厌烦、恼怒，进而寻求发泄，出现某些攻击性的行为。学生性格和个性方面的特征也可能导致问题行为，过度外向或过度内向，过于敏感或自我中心倾向过于严重等，都可能成为引发课堂问题行为的直接原因。

另外，特别需要引起教师注意的是，学生都有引起教师或他人注意的心理需求，所以，有些学生表现问题行为的真实目的是引起教师注意。教师对这类现象要保持清醒，认真分析问题行为背后的真正原因。

3. 环境方面的原因

学生所处的家庭环境、社会环境、同伴和集体环境都会对学生的性格、心理和行为产生重要影响。很多学生的问题行为的根源是家庭和社会方面的影响。要想解决这类问题行为，教师应与学校、家长、社区等多方配合，对学生开展长期的帮助和教育。

（二）课堂问题行为的管理策略

1. 问题行为的预防

（1）充分而周密的课前准备是预防的关键。教师在上课前应充分考虑可能出现的问题行为和严重程度，预先设计出处理和消除的方法和对策。

（2）教师在教学过程中要时刻对课堂情况保持注意，确保全班处于教师监控之下。教师应准确观察和正确分析全体学生的心理和行为动向，及时发现问题的苗头，将问题行为消灭在萌芽状态。

（3）通过有效的教学使学生主动参与学习。恰当的教学目标，合理的教学内容，正确、灵活的教学策略，都有助于学生将注意力集中到课堂练习中来。当学生有事可做，能够从中获得成功与快乐的体验时，就能大大减少问题行为发生的概率。

2. 问题行为的制止

当问题行为出现时，教师应采取有效的方法，及时终止学生的问题行为。

针对问题行为的制止，教师可以采取下面一些方法：

（1）信号暗示。教师向学生发出警示的信号，如用眼神、动作等身体语言，以及语言突然停顿、音调变换或走近学生等方式提醒和暗示学生，使他们终止问题行为。

（2）使用幽默。教师用轻松、幽默的语言提示学生，可以化解矛盾，活跃课堂气氛，制止问题行为。这种方式易被学生接受，不会使学生产生反感或对抗。

（3）移除诱因。当学生在体育课中做与体育活动不相干的事，如看书、玩手机时，教师可以将这些东西拿走，清除媒介物，从而制止这类行为。

（4）有意忽视。有些学生故意用问题行为来引起教师注意或引起其他学生注意，如果教师立刻加以处理，就正好中了学生的"计"。所以，当教师识破学生的意图时，最好采取有意忽视的办法，当学生自觉无趣时，就会终止其问题行为。

（5）反复提示。对于学生有意试探教师反应的行为，教师可以进行坚定性回座，使学生认识到教师的坚决态度，把学生应该做的行为清楚地告诉学生，并反复重复，直至学生认识和承认行为的错误。

（6）表扬正确的行为。学生都有得到表扬的心理需要，教师用表扬和鼓励学生的良好行为的方法，可以为班级成员提供学习和模仿的榜样，强化正确行为，抵制和终止问题行为。

（7）惩罚。虽然大多数的问题行为可以通过上述方法进行控制，但在一些特殊情况下，惩罚也是必要的。对于比较严重的问题行为，教师可适当采取一些惩罚措施，但一定要谨慎使用。如果运用不当，则可能会给学生造成心理上的伤害。在实际教学中，教师对于问题行为的处理往往都是使用惩罚，而没有认真考虑惩罚可能带来的负面效果。教师的惩罚应当遵循一些原则：①当师生之间建立积极的关系时，惩罚比较有效。②当必须使用惩罚时，应紧跟着错误行为之后。③当在错误行为刚刚发生时，教师就应坚决地对待。④应该让学生明确了解为什么受到惩罚。⑤惩罚应当能使学生选择正确的活动来代替错误行为。⑥不要重复使用相同的令人不快的处理方式。⑦一般来说，私下批评比公开场合的批评效果更好一些。

3. 问题行为的矫正

（1）认识。帮助学生正确认识问题行为是矫正的前提。教师要让学生了解其行为给课堂教学和课堂秩序造成的消极影响,帮助他们树立"问题归属意识",诊查和评价自己的行为,认识到应当为自己的错误行为负责。在这一阶段,教师要给予学生充分的关心和信任,不要随意地使用批评、惩罚等手段。学生只有发自内心地认识到错误,形成正确的是非观念,才能产生改正错误的内部动力。

(2)消退。在学生认识到自己的问题行为后,教师应采取适当的方法和手段来对学生的不良行为进行消退。教师应根据学生的实际情况,制定合理的矫正日程表,建立小步子、个性化的矫正目标和可行的行为改变计划,或让学生自己确定计划并表示自己有实行计划的动力。教师经过确认有效后,帮助学生实施计划。在学生行为改正的过程中,教师要对计划的实施情况经常检查,对改正的成效及时给予评定,对学生的成绩要及时赞扬,对学生的矫正不力要态度坚决,不能让其为失败找借口。矫正计划不是一成不变的,教师要根据矫正的进展情况,及时调整矫正目标和日程。有些问题行为需要长时间才能改正,其间还可能出现反复,所以,需要教师付出相当的努力和耐心,同时,要积极寻求领导、家长、其他教师、专业人士等各方人员的有力配合。

(3)塑造。积极的矫正不但要消退学生的问题行为,更要塑造学生良好的行为。在矫正过程中,教师应当根据消退的情况,不断提出良好行为的目标,对学生的良好行为不断地加以强化。在问题行为消退后,还要进行追踪,不断进行新的强化,塑造和发展良好的行为,直至良好行为的表现趋于稳定。

(三)课堂管理模式

每种课堂管理模式都从不同侧面为教师进行课堂问题行为管理提供了有益的启示,体育教师可以结合自己的管理风格和优势选择使用,使课堂管理收到预想的效果。

1. 权威模式

权威模式强调教师采取主动控制的方式来维持课堂秩序,通过严谨、周密的课堂规则约束学生的问题行为。具体实施程序包括以下五点:

(1)建立具体的课堂规则,并向学生说明规则是对学生课堂行为的期望。

(2)教师通过简明、清楚的指令和要求,告诉学生应该做什么、怎样做。

(3)对违反规则的行为实施轻度惩罚,教师要告诫学生,使学生在形成正确认识的基础上纠正错误行为。

（4）采取走近控制的方式警告学生，并显示教师的权威和责任，及时控制学生的不良行为。

（5）对于具有严重问题行为的学生，进行严肃的批评和教育，必要时可以实施隔离措施，让其单独反省，检查自己的错误。

2. 教导模式

教导模式强调体育教师通过有效的教学来预防和解决课堂行为问题，具体步骤如下：

（1）提供相关和适宜的课程。

（2）实施适宜且有趣的教学。

（3）有效运用活动管理。

（4）建立课堂活动的基本程序。

（5）提供关于课堂活动的明确指导。

（6）让学生的课堂活动充满兴趣，吸引学生的注意。

（7）创立良好的课堂环境。

（8）不断改变课堂环境。

（9）构建课堂活动的良好气氛。

（10）不断改变活动方式，转换学生的注意重心。

3. 行为矫正模式

行为矫正模式强调教师通过强化、榜样、咨询等方法对学生进行行为矫正，强化学生的正确行为，削弱学生的不良行为，促进教学目标的实现。这一模式的具体要求如下：

（1）学生的行为是习得的，行为习得的过程也就是行为选择的过程。

（2）运用积极强化的方法，鼓励和增强学生的良好行为。

（3）不要惩罚和削弱学生的正当行为。

（4）不要奖励和强化学生的不正当行为。

（5）在课堂活动中，正确选择和有效使用强化物。

（6）对持续时间长的问题行为保持适宜的耐心，制定适宜的矫正日程表。

（7）合理使用奖励机制。

（8）掌握行为强化的时间和频率，增强强化的有效性。

（9）及时处理惩罚带来的负面效果和消极影响。

（10）注意观察或多与学生交谈，掌握学生潜在问题行为的线索。

4. 人际关系模式

人际关系模式强调教师通过创设健康的课堂气氛，帮助学生形成良好的人际关系，促进学生的主动学习，减少问题行为的出现。该模式的主要观点如下：

（1）帮助学生分析和了解其行为问题。

（2）鼓励和接受学生的观点与情感。

（3）促进有效交流，发展建设性的人际关系。

（4）从学生的角度理解学生，对学生表现出设身处地地宽容、理解和信任。

（5）发展和利用有助于合作的行为，避免不利于合作的行为。

（6）为有行为问题的学生创造一种非惩罚性的气氛。

（7）注重解决而不是指责学生的行为问题。

（8）注重自身的行为，以免引起学生的厌倦和敌视。

（9）不要讽刺挖苦学生，以免造成学生的自卑。

（10）帮助学生理解不良行为与其后果之间的因果关系，在不影响安全的前提下，让学生深刻理解其行为的自然后果。

5. 过程模式

过程模式强调课堂是一种社会组织，具有所有社会组织的特征。教师的任务是建立积极、有效、有凝聚力的课堂群体，保证学习活动的顺利进行。过程模式的基本做法如下：

（1）帮助学生建立积极的群体规范和建设性的行为标准。

（2）创造开放的交流渠道，让学生能自由地表达观点与情感。

（3）培养学生对群体的依恋与满足，发展群体内聚力。

（4）帮助学生发展交流、领导和群体问题解决的技能。

（5）鼓励学生相互交流、相互影响。

（6）帮助学生明确其人际期望。

（7）培养学生的相互理解与相互接受。

（8）运用问题解决的集体讨论解决管理问题。

（9）创立非判断性的、非评价性的、和谐与民主的课堂气氛，预防问题行为。

（10）组织问题解决班会，处理群体问题和行为问题。

三、高中体育课堂教学情境的创设

教学情境是指教师在课堂教学上依据教学目标、教学内容和学生特点，为学生更好地进行学习而创设的情境或环境氛围。"体育教育的环境能够对学生产生潜移默化的影响，良好的环境是学生有效学习的重要前提"。[1] 教学情境的创设对于教学具有重要意义：良好的教学情境能有效激发和保持学生的学习兴趣，使学生更加积极地参与到练习活动中；有利于降低动作练习的难度，帮助学生更加全面、迅速地感知和理解教学内容；有助于学生知识运用与问题解决的能力和习惯的培养。教学情境直接影响学生练习和教师教学的质量，创设教学情境在教学中不是可有可无的活动，创设教学情境能够反映教师教学的能力和水平。优秀的体育教师总是善于为学生创造和提供良好的课堂教学情境。

（一）教学情境创设的要求

（1）设计教学情境，要根据教学目标、教学任务的要求和教学内容的特点来进行。教学情境是为教学目的服务的，教学情境只是实现有效教学的手段，而不是教学的目的。所以，当设计教学情境时，首先要考虑教学目标的要求，不能一味追求课堂气氛表面的活跃，而应当重点考虑教学情境是否能促进学生的动作学习，那些脱离教学目标和内容要求的情境设计不但不能促进学习，反而可能分散学生的注意力，干扰和误导学生的学习活动。教师要让学生通过情境明确学习的目的，理解学习活动的意义，形成与教学目标相一致的学习心理状态。

（2）设计教学情境的目的是更好地促进学生的练习，因此教师必须研究学生的学习心理，分析并把握学生的能力水平和兴趣爱好，创造学生能够接受、愿意接受的教学情境。对于难度较大的动作技能，教师应考虑学生在练习中可能遇到的问题，努力通过教学情境来帮助学生解决问题、克服困难。教学情境要能够引起学生的兴趣并集中学生的注意力，适应学生的思维发展水平，使他们感到新颖、有趣，同时又富有挑战性，从中体会到学习的乐趣和成功的体验。

（3）教学情境的设计要坚持启发学生思维的原则。教学情境既要具有气氛和谐、情绪高昂等外在表现，更要能启发学生积极思考，激发学生的求知欲，

---

[1] 李丽. 我国普通高校体育教学环境研究[J]. 当代体育科技，2021，11（28）：90.

促进学生形成积极的内部心理状态，主动参与到体育活动中。教师在设计和创设教学情境时，可以结合学生已有的经验和知识提出新问题，启发学生运用已有知识解决新问题，也可以向学生展示与原有认识相矛盾的现象或事实，使学生产生困惑，引起学生的兴趣，进而使学生产生强烈的学习动机和愿望。

（4）教师要根据自身的优势来选择和创设教学情境，充分发挥个人的特长，不要脱离自身的实际去盲目地模仿他人。另外，教学情境要靠师生共同创造，教师的教学激情往往会对学生的学习产生潜移默化的影响和激励作用。因此，在创设教学情境的过程中，教师要始终保持饱满的热情。

（二）教学情境创设的方法

1. 通过学生活动创设教学情境

（1）游戏法。教师可以组织学生通过开展与学习任务和内容有关的游戏活动来创设情境。一般在小学低年级教学中，教师常用此方法。如果教师有较强的组织能力和较活泼的个性，那么在稍高的年级中也可以使用游戏法，同样能够起到激发学生的学习兴趣、深化学生对于知识理解的作用。

（2）表演法。对于某些有表演成分的教学内容，可以通过让学生扮演一定的角色来创设情境，能大大激发学生的学习兴趣，引导学生深入领会和掌握学习内容的内在含义，同时也有助于提高学生的表演能力和语言表达能力。

（3）任务法。教师给学生布置一定的任务，让学生尝试着去完成。当学生发现他们并不能正确解决那些自认为依靠已有的知识能完成的问题，或发现问题与他们的常识经验相矛盾时，就会产生惊疑、困惑，进而产生解决问题的意愿。任务法能使学生明确学习任务和内容，带着问题和任务去学习新的知识，提高学习的针对性。完成任务的过程还能帮助学生领会知识的应用价值。

（4）讨论法。让学生针对学习的内容展开讨论，能激发学生的灵感，锻炼学生的思维，创造一个能使学生真正参与学习的情境。当运用讨论法创设情境时应注意，讨论的主题要紧紧围绕教学内容，尽量选用那些能引发学生不同意见或有利于思维扩展的主题。

2. 通过教师讲解创设教学情境

（1）生动讲述法。在体育课教学中，教师的讲授是学生获取知识的最主要渠道，体育教师生动、形象、充满激情的讲述能为学生的学习创设充满生机的课堂教学情境。体育教师的教学激情,能唤起学生情感上的共鸣和对运动技能学习的投入。

（2）故事法。教师在讲授新知识时,运用故事能激起学生的学习兴趣,提供认识的基础,对学习起导向作用。当讲解动作难点内容时,故事能起到点拨思维、启发想象的作用,同时能活跃学习气氛。

（3）比喻法。教师运用比喻法能够帮助学生理解抽象的概念和原理,启发学生思考问题。比喻有助于化难为易、化抽象为具体,是教师在教学中常用的一种方法。教师在运用比喻时应当注意,尽量以学生熟悉的现象和材料做比喻,要与教学内容有相似或可比之处,不能牵强附会。另外,教师必须注意明确和强调比喻要说明的动作原理,不能让学生只记住了例子而忘记了对于动作技术的理解和掌握。

3. 通过教学内容创设教学情境

（1）介绍反面材料法。体育教师通过向学生介绍超出他们生活经验的资料,或各种不同的甚至相互矛盾的观点,使学生对原有的知识、观点、态度或价值观产生怀疑和困惑,从而激起学生学习的愿望和好奇心。

（2）分析错误法。体育教师通过分析学生的一些常见或典型的错误动作,引导学生关注动作技能的学习内容,进入学习情境。此法有助于纠正学生的认识偏差,使学生更牢固地理解和掌握动作技能,留下深刻的印象。

（3）有意错误法。教师在动作技术讲解时,可以适当地故意做一些学生能发现的错误,让学生辨别并予以纠正。这种方法能活跃课堂气氛,引导学生积极思考,发现问题,从反面加深对动作技能的正确理解。运用这种方法也有助于培养学生的批判性思维。应当注意的是,这一方法不宜经常使用,使用不当会引起学生对动作技能的模糊或错误的理解。

（4）提问法。通过向学生提出有趣的或能引起惊疑、困惑的问题来创设教学情境。

4. 通过教学媒体创设教学情境

（1）多媒体法。运用现代化教学媒体展现教学内容,可以创设生动、形象、直观的教学情境,使学生产生身临其境之感,能引起学生的高度注意,调动学生的学习积极性。教师在运用此方法时,应注意检查媒体材料的内容是否符合教学目标和教学内容,表现形式是否符合学生的心理特点。

（2）教具演示法。体育教师为了配合运动技能的讲授,可以向学生展示运动技术图片、直观教具或做动作示范。该方法可以激发学生的兴趣，引起学生进行细致、全面的观察与思考。

第四节 高中体育教学设计体系的建设

体育教学设计对于当前体育教育的发展有着非常重要的现实意义。只有保证体育教学设计的科学性，才能更好地推动体育教学不断发展。

一、体育教学设计的基本知识

体育教学设计，是指为了获得优质的体育教学效果，教学执行者在进行体育教学活动之前以系统的思想与科学的方法为指导，以体育教育学的相关理论为基础，结合与体育课程有关的生理学、心理学和社会学原理，根据体育教学的特点，在充分考虑学生身体和心理发展的基础和相互关系的基础上，针对体育教学活动中"教"的问题制订出一种相对合理的操作方案。

（一）体育教学设计的特点

体育教学是一种有计划、有目的教学活动，主要表现出以下几个特点：

1. 超前性特点

体育教学设计主要是为体育教学实践进行服务的，能够有效指导体育教学实践的开展。因此，体育教学设计是一种对教学活动中可能出现的一些问题所进行的预测，表现出超前性的特征。

事实上，体育教学设计是对将要开展的体育教学活动中可能出现的各种情况进行预先分析，同时以科学的理论与教学实际的需求对各种可能出现的问题提出相应的解决方案，它其实是一种预先的教学安排。例如，体育教师需要在体育课开展之前首先设计出该体育课的教学方案。然而，这只是体育教师对于即将开展的体育教学活动的一种超前性的设计，虽然对于教学过程中可能遇到的问题都有涉及，但还没有应用于实践。

2. 差距性特点

体育教学设计是以体育与健康课程理念为基础的，它接受体育学习需要的指导。体育教学设计是对体育教学实施方案的一种构想，并不是体育教学活动本身。而体育教学过程具有复杂性与多变性的特征，这就导致在实际的教学过程中不可避免地出现各种各样的问题。教师在体育教学设计中有时候并不能够做到全面的兼顾，体育教学设计者对体育教学中可能出现的问题的理解、对现有条件的分析、所采取的解决问题的方法等并不能够完全概括教学实践。因此，体育教学设计与体育教学实践之间并不是等同的，它们之间存在着一定的差异，表现出一定的差距性，这就需要教师在教学中结合教学实际进行相应的工作调整。

3. 创造性特点

由于受到多种因素的共同影响，体育教学过程表现出明显的复杂性与不确定性的特点，这就需要体育教学设计创造性地解决教学实践中遇到的各种复杂的情况，这也就表明体育教学设计具有创造性的特点。

现代体育教学往往表现出复杂性的特征，同时也是一个不断变化的过程，因此，体育教师并不能够完全根据自己已经制订的计划开展相应的教学活动。但是，体育教学所表现出的这种变化性的特性正体现了体育教学的本质，这也为体育教学设计提供了创造性的广大空间。因此，体育教学过程同时也是对学生创造能力的一种培养，而体育教学设计的过程则是对体育教师创新精神的一种培养。在进行体育教学设计时，教师只有充分发挥自己的创造性才能够使设计出的方案更好地培养学生各方面的能力。

当然，体育教学设计者在具备相应创新能力的同时还应具有相应的文化知识与理论储备，此外，还应该有丰富的想象力与创造性的思维等。

（二）体育教学设计者的素质

体育教学设计者不仅是教学设计方案的制订者，同时还是设计过程的实施者、组织者、协调者与设计执行的控制者。因此，体育教学设计者的能力与水平对于一个教学方案能否满足实际教学工作的需要具有决定性作用。具体来讲，体育教学设计者的基本素质主要包括以下几个方面的内容：

（1）体育教学设计者必须具备扎实的教育、教学、传播学、心理学和多媒体等多学科的相关理论基础知识。

（2）体育教学设计者必须具备一定的教学经验，这样能够有效防止教学设计脱离体育教学的实践。

（3）体育教学设计者应该熟练掌握教学设计的基本原理、方法以及实际操作技能，这是进行体育教学设计的前提条件。

（4）体育教学设计者必须具有科学管理的知识与相关技术。

二、体育教学设计的理论基础

体育教学设计会涉及很多领域，需要应用许多学科理论作为设计依据。

（一）系统理论

1. 系统理论及其特点

系统理论认为，世界上的万事万物都是以系统的形式存在的，整个自然界是由不同层次的等级结构组成的开放系统。任何客体都是由诸要素以一定结构组成的具有相对功能的系统，系统当中的每一个个体都处于不断地运动变化之中。系统理论对于学校体育教学设计同样有着非常积极的意义，为学校体育教学设计提供了系统分析方法，这样能够让体育教师凭借整体观去进行体育教学设计的实践工作。

系统是元素及其关系的总和。系统是由两个或者两个以上子系统构成的，系统也有大小之分。每个系统的构成都需要满足三个条件：①系统存在于一定的环境中。系统处在一定的客观环境之中，不仅受到客观环境的作用，同时也对客观环境进行反作用，系统并不能够独立于相应的环境而存在。②系统包括一定的元素。系统内部包括很多不同的具体元素，其中构成系统的主要元素就是所谓的要素。系统当中的各要素之间也存在着密切的关联，它们之间是相互影响与制约的关系。③系统具有一定的结构。构成系统的各元素之间存在着一定的相互联系，而元素之间并没有什么必然的相互联系，所以不构成系统。

无论系统的复杂程度如何，系统都会表现出以几个下方面的特性：

（1）集合性。系统是事物的集合，任何一个系统都是一个有组织的整体。

（2）整体性。系统是不同要素的统一体，两个或多个可以相互区别、具有不同功能的要素，按照作为系统整体所应具有的综合性（逻辑统一性）而构成系统。系统的功能要大于各要素的功能之和。

（3）相关性。构成系统的各个要素之间不仅是相互联系的，而且还是相互依赖与相互作用的。

（4）目的性。任何系统都是指向特定的目标，通过系统的功能来完成特定的任务。

（5）反馈性。在通常情况下，系统都能够进行有效的自我调节。为了能够维持自身更好的运行，系统必须通过反馈使自己处于一种相对稳定、平衡的状态。

（6）环境适应性。系统存在于环境中，与外部环境之间必然会相互作用。一方面，环境能够为系统自身提供相应的物质、能量要素（如信息）；另一方面，环境还会对系统产生一定的作用，从而更有利于系统运动。由此可见，系统需要对自身所处的外部环境进行不断的适应来维持自身的持续运行。

2. 体育教学系统的构成

一般来讲，学校体育教学系统是由五个基本要素组成的，即学生、教师、教学内容、教学方法和教学媒体，这些要素都是学习教学系统的子系统。

（1）学生。学生是学校体育教学的主体，同时也是学校体育教学系统不可或缺的重要组成部分，学校的体育教学不能够离开学生而独立存在。

（2）教师。在体育教学中，学生是主体，而教师是教学内容的传授者，在教学系统中占据主导地位。作为个体，教师具体包含体育知识、运用体育方法、运用教学媒体、主观努力程度等诸多要素。

（3）教学内容。体育教学内容同样包含很多内容，主要表现为教材，是和体育与健康相关的知识、技能、方法的体系。在体育教学过程中，教学内容具有非常重要的地位，对体育教师的教以及学生的学具有决定性作用，具体包含了与体育相关的健康知识、健康技能、智力水平、社会适应能力等方面。

（4）教学方法。教学方法是指教师和学生为达到学校体育教学目的和完成教学任务，所采取的方式、途径、手段、程序的总和。一般来讲，学校体育教学方法具体包括动作示范、教具与模型演示、多媒体演示等。

（5）教学媒体。在具体的学校体育教学实践中，教学媒体是教师与学生之间进行信息交流的一种重要媒介，具体包括语言、文字、动作示范等多种视觉要素以及记录、储存等很多实体要素。

在实际教学当中，体育教学系统的这些子系统之间是相互联系与相互影响的，它们在学校体育教学目标的支配下产生相应的作用，这些都是体育教学不可或缺的要素。

（二）学习理论

学习理论研究的对象是人类学习的本质及其形成机制，属于心理学理论的范畴。学校体育教学设计应该根据学生体育学习的具体需求来确定学校体育的教学目标、教学策略、实施方案和教学媒体，充分发挥体育教学对于学生全面发展的作用，有效提升学校体育的教学质量，充分挖掘体育教学的功能。

现代学习理论的主要功能包括：为研究者提供学习领域的知识、分析探讨以及进行学习研究的途径与方法；对相关的学习法则进行有效概括，从而使学生的学习更加条理化、系统化与规范化；强调对学习的发生和发展过程的研究与探索，重点在于对学生学习效果不同的原因进行解释。

学习理论研究人类的学习，阐述学习的基本规律，而学校体育教学设计一定要对学生的学习实践及生活有全面深入的了解，同时按照学生学习的客观规律办事。因此，学习理论是学校体育教学设计的一项重要理论基础。

学习理论主要包括行为主义学派、认知主义学派、人本主义学派，这三大学派对学校体育教学设计的理论都有着非常重要的指导意义。

（三）教学理论

1. 教学理论及其包括内容

教学理论是研究教学本质与一般规律的科学。教学理论通过规律性的认识来确定优化学习的各种教学条件与方法，教师在教学过程中所采取的具体方法以及教学的具体内容是教学理论所研究的主要内容。一般来讲，教学理论的研究对象与研究范畴主要包括以下几个方面的内容：

（1）教学价值、教学目的以及教学活动的具体目标。教学理论需要对教学目的、教学目的的制定以及与教学活动的关系进行研究与探索。

（2）教学本质。教学本质主要是对教学过程的影响因素、组成结构及其规律进行研究。

（3）教学内容。分析教师、学生与教学内容的关系，选择、调整与合理编排教学内容。

（4）教学模式、教学原则和教学组织形式，重点研究教学的手段与方法。

（5）教学评价，包括教学评价的标准、要求、手段及反馈。

在历史的发展过程中，国内外都产生了很多具有很大影响的教学理论。例如，我国古代的儒家思想中就包含很多具有现实意义的教育教学思想，如"因材施教""有教无类"等；而到了近代，我国的教育家提出了很多先进的教育思想，如蔡元培、陶行知等人提出应该重点发展儿童的个性，要以儿童自身的特点为根本出发点更好地发挥其主动性。

而西方的教学理论则经历了萌芽时期、近代形成期、现代发展期三个历史发展阶段。其中，萌芽期突出的教育思想家为苏格拉底、柏拉图等人，他们提出了问答法、对话式等很多富于创新性的教学方法；在近代形成期，具有代表性的教育家为捷克教育家夸美纽斯、法国的卢梭等，他们提出了"大教学论"、观察法、游戏法等教学思想；在现代发展期，美国的教育家杜威提出了"儿童中心""做中学"以及五步教学法等。总而言之，教学理论从产生开始就一直处于不断的发展当中，科学的教学理论对于现代体育教学设计具有很好的指导作用。

2. 教学理论对体育教学设计的支持

体育教学设计是科学解决体育教学问题、提出解决方法的过程。学校体育教学设计的各要素都能从教学理论中汲取精华，指导实践运用。在教学理论的指导下，通过对教学理论研究的对象和范畴，即教师、学生、教学目的、教学任务、教学内容、教学形式、教学方法、教学原则等，指导体育教学设计，为体育教学设计提供依据。

学校体育教学设计应该以科学的教学理论作指导，学校体育教学设计的实践需要相应的科学理论支持。从某种角度来说，体育教学设计的产生是在教学理论不断发展的情况下得以实现的，学校体育教学设计在系统过程中为教学理论应用于实践创造了良好的基础，学校体育教学设计是教学理论与教学实践之间的纽带。

三、体育教学设计的过程

（一）体育教学目标的设计

1. 体育教学目标设计的原则

体育教学目标是对体育教学活动预期达到的结果的表述，制约着体育教学中教与学的活动。设计体育教学目标应遵循以下原则：

（1）一致性。体育教学目标是体育课程目标的具体化和行为化。因此，体育教学目标必须与体育课程目标保持完全的一致性，以使体育教育教学目的在体育教学的全过程中得以贯彻和完成。体育课程目标，即知识与技能、过程与方法、情感态度与价值观三个领域构成的一个完整的目标体系。因此，在设计教学目标时，要注意目标系统三个层面的完整性和一致性。

（2）层次性。由于体育教学目标的学习水平随着学习的深入而逐步提高，所以，纵向上就有了高层次目标包含低层次目标的关系。例如，动作练习目标"练习篮球急停跳投"中就包含着篮球运球、传球，中轴脚的使用等低层次目标。从横向上看，不同学习者的个体差异也使其要达到的目标存在着不同。体育教师在设计教学目标时，要注意这种多层次的要求。

（3）操作性。在体育教学过程中，教学目标要能直接指导教学，对教与学的活动均有准确的测量标准，尤其对结果性的学习目标应依据具体性原则，设计出明确、可测量、便于操作的行为目标。

（4）难度适中性。体育教学目标是体育教学活动的出发点和归宿，必须符合学生的实际水平，体育教学目标的难度，应控制在学生的"最近发展区"，应该是学生经过学习和努力可以达到的目标。如果教学低于学生实际水平则不利于提高学生的智力和培养学生的能力；目标超出学生实际水平，则无异于拔苗助长，不利于学生身心的均衡发展。因此，在设计体育教学目标时，教师必须认真分析学生的现有水平，即学生的起点行为，并且要对学生的群体做基本分析，据此确定教学目标的难度。在目标层次的分解上，教学目标要兼顾全面，为进一步教学设计奠定基础。

2. 体育教学目标设计的过程

一般体育教学目标的设计过程可归纳为以下几个步骤：

（1）确定目的。目的是抽象的，可能包含多方面的内容，为教学目标指明方向。

（2）建立目标。针对目的中一个具体方面建立一系列的教学目标。

（3）提炼目标。将教学目标进行分类，把重复的目标去掉，整合相似的目标，使模糊的学习目标具体化。

（4）排列目标。按照一定的标准（重要程度或先后顺序等）将目标进行排序。

（5）再次提炼目标。根据实际情况，再次确定目标存在的价值并进行取舍。

（6）做最后的排列。从整体上做实施前最后周密的安排，然后用于实践。

3. 体育教学目标设计的要求

（1）制定行为目标的要求：①界定出具有可观察的学习结果。②陈述发生预期学习的条件。③明确规定标准的水平（表现目标）。

（2）目标叙写的要求：①目标必须是分层次陈述的。②行为目标陈述的两类基本方式。③行为目标陈述的基本要素。④行为主体应是学生，而不是教师。⑤行为动词应尽可能是可理解的、评估的。⑥必要时，附上产生目标指向的结果行为的条件。⑦要有具体的表现程度。

4. 体育教学目标设计的依据

（1）依据现代社会的发展。教师在制定体育教学目标时，要充分与当前社会发展对所需人才的要求相结合。随着社会、经济的不断进步，社会、企业等对具备创新、吃苦耐劳、团队合作等优良品质人才的需求量越来越大。同时，这一类人才在社会上的发展空间会更大。因此，体育教师在做教学目标设计以及在体育教学过程中可以有针对性地对学生的优良品质进行培养，为其将来走向社会得到更好的发展奠定坚实的基础。

（2）依据当前教育体制的发展。教育体制的发展往往同时也体现了社会、经济、文化的发展，必然是更符合当前国情的。素质教育要求要以"健康第一、增强学生体质、培养学生自主锻炼能力"作为体育教学的主要目的，因此，教师在教学目标设计时，可以此作为重要的设计依据。

（3）依据学生的身心和年龄特点。当然，体育教学目标设计最重要的依据还是要符合这一学段学生的年龄和身心特点，如培养刚接触体育课程的小学生自主锻炼的能力显然是不切实际的，而只对高中生进行简单技术的传授也是远远不够的。如果想要学生掌握更多的知识、培养其多方面的能力，那么重要的一点就是教学目标的设计要与学生的身心特点相匹配，使学生能够更好地接受和吸收，从而更好地达成既定的教学目标。

（4）依据当地和本校的实际情况。在做体育教学目标设计时，要充分结合当地和学校的实际情况，否则一切将成为空谈。如需要培养学生的团队合作精神时，有多种教学内容和教学方法可以选择，同时这些教学内容和教学方法都可以达到培养学生团队合作精神的目的，而一个篮球场地严重不足的学校很显然不适合通过篮球教学与训练来达到培养学生团队合作精神的教学目标。因此，教学目标的设计是否符合本地及学校情况对于能否顺利达成既定目标起着至关重要的作用。

（二）体育教学策略的设计

一般来讲，可以将体育教学策略的含义理解为：体育教师为有效地完成体育教学目标而采用的体育教学活动准备、体育教学行为和体育教学组织形式选择、体育教学媒体选择等因素的总体考虑。体育教学策略设计是体育教学设计工作过程中的重要环节，可以很好地解决如何衔接教与学的问题，只有采用正确的体育教学策略才能够有效完成预期的体育教学目标。

1. 体育教学策略制定的依据

通常来讲，制定体育教学策略的依据主要包括以下几个方面的内容：

（1）以体育教学目标为根本依据。

（2）学习与教学相关的理论知识为参考。

（3）与体育学习的具体内容相适应。

（4）符合体育教学对象的基本特征。

（5）考虑体育教师的基本条件。

（6）结合当地教学的客观条件。

2. 体育教学策略的结构

体育教学策略主要包括对体育教学过程、内容的安排，以及体育教学方法、步骤、组织形式的选择。通常来讲，一套完整的体育教学策略应该包括以下几个方面的要素：

（1）体育教学指导思想。体育教学指导思想能够对具体的体育教学策略进行理论方面的解释，以体育教学策略的核心理论做支撑。不同的体育教师往往会采用不同的教学思想来指导体育教学策略的制定与实施，而同一个体育教师采取的教学思想不同，相应的体育教学策略也会存在相应的差别。

（2）体育教学目标。从本质上来讲，运用体育教学策略的最终目的就是达成体育教学目标。在体育教学实践中，体育教学目标不同，所采取的体育教学策略也存在很大的不同。

（3）实施程序。实施程序有其自身的操作序列，即体育教学策略是按时间展开的逻辑进行。体育教学活动往往会表现出一定的特殊性，而体育教学策略的实施程序在大多情况下是稳定的，这样当教学情况发生改变或者教学进程有一定的调整时就可以对实施程序进行相应的调整。

（4）操作技术。要使体育教学策略得到更好的贯彻实施，相应的操作要领必须符合客观的需求。一般来讲，操作技术的内容主要包括四个方面：①体育教师在教学策略中所扮演的角色、发挥的具体作用，以及对于体育教师的各方面要求。②体育教学内容包括制定体育教学策略的相关依据以及对于体育教学内容的具体处理。③体育教学手段不仅包含常规的体育教学手段，同时还包括一些特殊的体育教学手段。④使用范围方面，包括体育教学策略适用的问题、性质等多方面的内容。

（三）体育教学媒体的设计

体育教学媒体是指用于存储或传递以教学或学习为目的的信息媒体。教学媒体用于教学信息从信息源到学习者之间的传递，有着明确的教学目的、教学内容和教学对象。

1. 体育教学媒体的作用

体育教学媒体在体育教学中发挥着非常重要的作用，具体包括：提供感知材料，提高感知效果；启发学生思维，开发学生的智力；增强学生的学习兴趣，有效激发学生的学习动机；增加信息密度，提高教学的效率；提供多种方式，促进自主学习；调控教学过程，检测学习效果。

2. 体育教学媒体选择的因素

教学媒体的选择是指在一定教学要求和条件下选出一种或一组适宜可行的教学媒体。媒体选择应考虑以下几个因素：

（1）学习任务因素。学习任务因素具体包括学习目标、学习内容等，一些教学媒体对于教学活动所要实现的预期目标具有非常显著的功能。

（2）学生因素。学生的特征同样是选择教学媒体应该认真考虑的一项重要因素，主要包括学生的智能特征、年龄、动机兴趣等方面。

（3）教学管理因素。教学管理因素主要包括教学规模、教师能力和教学安排等内容，如选择计算机等现代教学媒体经常受教师素质和教学安排等影响。

（4）媒体因素。①媒体资源：当前已经拥有的储备以及可能会添置的资源设备。②媒体功能：媒体呈现信息方面表现的不同属性能不能很好地满足教学的现实需要。这些属性包括图像、色彩、动态等。③操作情况：掌握如何操作所花费的时间以及操作的困难与简单程度。④组合性：两种或者多种媒体共同使用的可能性及其可能产生的效果。⑤使用环境：媒体所处的客观环境是否能够支持它的应用，或者教学环境能否提供这种教学所需要的媒体。

（5）经济因素。经济因素是选择体育教学媒体时一定要认真考虑的因素。如果在体育教学过程中使用便宜的教育媒体进行教学，而其所获得的教学效果与选择价格高昂的教育媒体基本一致，那么就应该选择价格更加低廉的教学媒体。需要注意的是，在教学实践当中，选择教学媒体的各因素之间也很可能发生相互之间的抵触。

（四）体育教学过程的设计

体育教学过程由教师与学生共同参与其中，由确定目标、激发动机、理解内容、进行身体反复练习、反馈调控与评价等诸多环节共同组合而成。体育教学过程是在特定时空中连续运行的过程，表现出阶段性、层次性等特征。体育教学过程的设计就是以流程图的形式简洁地反映分析与设计阶段的结果，对教学的过程进行概括，对体育教学过程中各个要素之间的关系进行直观描述，从而为体育教师的教学实践提供更加科学的教学设计方案。

具体来讲，体育教学过程的基本因素包括以下四点：

（1）教学目标。所谓教学目标，指的是一个教学过程预期所要达到的结果。体育教学目标具体包括社会目标与学生个人目标，其中社会目标是教学大纲规定的，而后者则是根据学生的实际情况制定的。社会目标为群体提供了一个共同的奋斗目标，更有助于不同地区、不同单位以及不同个体之间进行相互之间的比较；个人目标则是微观的，应该更加适合学生的实际水平。

（2）教学内容。教学内容是教学过程中实现教学目标、完成教学任务的关键因素，直接关系到教学过程的最终结果。因此，教师应该进行充分的调查研究，对于广大学生的一般情况与特殊情况有一个全方位的把握，所讲授的教学内容应该让广大学生很好接受。

（3）人际关系。体育教学中的人际关系既有体育教师与学生之间的关系，也有学生与学生之间的相互关系，还有学生体育干部与小组成员之间的关系等。如果能够形成一个集体，教师与学生之间有着共同的目标认识并能够进行很好的协调，那么就有助于获得良好的教学效果。

（4）教学组织、方法和教学媒体。教学组织、教学方法是教学过程的重要因素，如果没有合理的教学组织形式与教学方法，则教学过程也就不能够实现有序进行，教学任务也很难圆满完成。不同的教学对象、教学环境与教学任务应该采用不同的教学组织和教学方法。

第三章 互联网背景下体育教学的思维转变与发展方向

第一节 互联网背景下体育教学的优势及影响

一、互联网体育信息的传播特点

伴随着我国信息产业发展的不断加速,以互联网为主要特征的体育信息传播方式逐步成为社会大众了解和掌握体育信息的主要手段。在互联网信息查询和浏览中,体育信息所占的比重越来越大,由此也说明体育信息传播已经成为互联网站信息咨询的重要组成部分。点击查询国内众多互联网站,发现在各类网站中,体育信息的相关咨询和服务内容都是主要大型互联网站不可缺少的栏目内容,而且伴随着人们对于体育赛事和体育新闻的关注程度不断提升,体育已经成为人们了解外界和获取休闲娱乐方式的主要途径之一。从国内外最近三年体育信息的搜索和点击量来看,体育信息已经成为互联网信息获取中重要角色之一,由此也说明,互联网信息传播缺少不了体育信息传播,体育信息的传播也离不开互联网。

(一)体育信息传播发展的现状

微博、微信等新型媒体形式不断涌现,使体育与新媒体存在共生关系,形成了独立的体育精神和文化世界,成为人类生活中不可或缺的一部分。随着新媒体的发展,体育与新媒体也发生了共生关系:体育具有倡导新的生活理念方式,自身备受关注并易与媒体结合等特点,给传媒产业带来了良好的利益增长;新媒体帮助了体育运动的推广,扩大了社会影响力,形成了独立的体育精神和文化世界。体育与新媒体的结合发展成为大势所趋,为此,了解当前体育信息的传播现状,及时从中发现问题,并有效利用新媒体进行信息传播,对我国的体育传播事业将起到一定的促进作用。

1. 网站传播

当前,我国体育信息的互联网传播主要依靠门户网站的体育频道和各种专业体育网站提供的文本、图片、音频和视频信息,大众一般还是习惯通过大型门户网站获取体育信息。

2. 微博传播

以新浪微博来分析体育信息微博传播现状,微博的撰写要求在一百四十字以内,这种信息内容单一和字数的限制形成了微博信息传递的碎片化特征。这种碎片化的信息往往包含大量对受众无用的信息,微博用户会因为信息泛滥而丧失获取信息的兴趣,甚至降低了微博的登录访问频率。

3. 微信传播

体育信息在微信平台的传播日渐成为受众接收体育信息的重要来源。包括体育媒体在内的众多媒体微信公众平台,凭借微信多媒体兼容的传播优势向受众提供免费的信息推送服务。目前,体育信息通过微信公众号传播,较微博传播而言尚处于起步阶段,其传播具有以下特点:

(1)点对点的大众传播模式。公众账号可以通过群发消息对所有关注它的微信用户进行信息传播,但它也需要有足够的粉丝才能达到传播效果,且由于信息海量,很容易被淹没。

(2)噪声干扰较少的传播过程。对于发给微信好友的信息,其他人无法直接查看,但其信息仅限于所在平台或朋友圈进行传播。

(3)具有强大的信息扩散能力。微信用户对于接收到的信息可以转发、分享,但也增加了微信传播的低俗倾向和制造网络谣言的可能性。

此外,现有的微信体育公众号还存在平台定位不明确、推广内容具有同质化倾向、微信平台的推广形式单一和平台互动服务不足等问题。

(二)体育信息传播的特点

目前,我国体育信息传播表现最为突出的依然是新浪、搜狐、网易和腾讯等大型互联网站。通过对这些网站体育新闻的跟踪和调查,我们发现这些网站在体育信息传播方面具有一些共同的特征,具体表现在以下几个方面:

1. 传播频度快速性

新闻信息最大的特点就是快,与传统报纸媒体相比较,网络信息传播在传播时效方面所具有的优势是报业媒体所无法比拟的。各大型网站在完成信息的采集和处理之后,可以在短短的几秒钟之内将信息从世界的任何一个角落传播到另外一个角落。这种高效率的传播途径使大众可以在第一时间获取到任何体育信息,包括赛事状况。对于赛事而言,信息浏览人员都希望在第一时间甚至同步了解到赛事的状况,而不是之后的几个小时。大众对于信息及时性的要求迫使互联网站在体育信息的获取时必须做到高效。另外,对世界范围内的各种赛事及体育明星的重大信息,都必须第一时间告知世界每一个角落的体育爱好者,所以各大网站在体育信息更新方面频率非常快。在体育信息更新频数方面,基本上各大互联网站都能做到事件发生的同步更新。

2. 互动与参与性

对于任何一个网站而言,免费的信息获取需要网站承担较大的支出。为了在收益方面有更卓越的表现,网站就有必要了解大众对于信息的兴趣程度和关注程度,所以几乎所有的网站管理人员都会对自己的网站发布的信息参与和浏览人数进行及时的统计和分析。例如,在某一项体育赛事结束之后,对于赛事的结果和赛事的过程,很多支持者和关注者都会进行评论,互联网站就可以通过评论的频率、评论的次数等信息了解到关注人员对体育信息关注的方向和趋势,这为网站的体育信息传播提供了重要的参考数据,也为运动员与赛事观众和支持者提供了一个良好的交流平台,观众可以通过平台了解更多运动员在赛事期间的心得体会和情感变化。通过这个网络交流平台,观众也可以对运动员有更多了解;反过来,运动员受到观众的支持和关注,对于提升他们参赛的信心也是很有帮助的。

3. 娱乐化

伴随着体育功能的多元化发展和市场经济赋予体育的价值,体育的休闲娱乐功能在大众生活中体现得愈发明显。因此,互联网站在体育信息传播中具有明显的娱乐化趋势。以前的互联网媒体受人们观念的影响,体育信息报道主要集中在体育赛事的状况方面,这和传统媒体的风格是完全一样的。随着体育市场的不断发展,人们对于体育信息的获取更多的关注点集中在体育文化传播、体育娱乐、体育健身、体育精神、体育明星、体育传奇色彩等方面,这就要求互联网媒体在信息选择上要注重对这些信息的挖掘,使信息的趣味性、可阅读性更符合大众的口味，所以，带有故事情节的各类报道逐步占据了体育信息传播的大多版面和章节。体育信息娱乐化发展已经成为当今媒体报道的主流趋势。

4. 自由选择性

相比于报业而言，互联网信息的容纳数量是巨大的，任何一个网络用户都可以轻松地在各大网站搜寻到自己感兴趣的体育信息，这种便捷性是传统媒体不具有的。传统媒体由于受到版面限制，信息容量相对较小，这就使网络信息传播在市场角逐中更胜一筹。例如，对于赛事密集的奥运赛事和足球世界杯，人们就可以根据自己的喜好选择自己关注的比赛和体育明星。另外，传统媒体缺乏必要的相互沟通机制，而互联网媒体为每一个用户都提供了便捷的沟通渠道。用户可以通过博客、微博、微信等方式参与到相关信息的传播中去，从而使得大众在可选择的空间内享受快乐。

5. 共享性

即便在互联网媒体快速发展的今天，任何网站也不可能将所有的体育信息都及时地采集到，这需要传统报纸、电视台及其他互联网站的配合才能实现共同发展。所以，当面对各种大型体育赛事时，这种媒体之间的相互协作就显得尤为重要。与媒介之间的相互配合和资源共享已经成为当今体育信息传播的重要手段。

二、互联网在学校体育教学中的价值与优势

互联网是互联网思维进一步发展的成果，推动了经济形态不断地发生演变，从而带动社会经济实体的生命力，为改革、创新、发展提供广阔的网络平台。互联网在改变着一个又一个传统行业的产业链的同时，又创造了一个又一个新兴的市场生态圈，互联网与教育的结合同样如此。

（一）互联网在学校体育教育中的价值

1. 互联网在学校体育教育中的作用

（1）提高服务效率。学校体育资本投入最大的两部分是人力资源投入及场馆建设与维护投入，其他还有部门基本办公经费和高水平运动队建设专项，以及一些较少的阳光体育专项等。

体育场馆建设是一个学校的门面，投入巨大，在公共体育投资成本中占

最大。事实上，体育场馆的利用效率一直不高，从成本—收益分析的角度看，利用效率不高就意味着项目收益不佳。在成本一定的情况下（大规模场馆建设已经完成），就只能提高效益，具体到学校场馆资源就是提高场馆利用效益，也就意味着提高使用率和单位活动的价值，这也必然要求增加服务性支出，而基本办公经费无力提供这笔支出，同时由于学校对于体育场馆经营管理的桎梏，也无法通过经营收益来改善。既然无力支出，也就只有降低支出这一条路。互联网可以降低这部分服务性支出金额，从而提高场馆资源的总收益。

通过增加传统投资来增加收益是不可行的，而通过结构调整，利用互联网的优势是提高公共体育成本收益的唯一选择。"互联网＋体育"能充分发挥互联网的高效、便捷的优势，提高体育资源利用效率，降低服务消费成本，从而综合提升学校公共体育投入的成本收益比。

（2）提升课程质量。以教育信息化带动教育现代化，是我国教育事业发展的战略选择。信息技术对教育发展具有革命性影响，必须予以高度重视。从学校学生的角度讲，以慕课等为代表的在线课程正极大地拓展着课程的边界，各级各类学校也都在加强网络教学的建设，网络课程可以极大地丰富学生获取知识的途径，特别是对体育理论知识的获取更为简便，理论知识与实践知识的结合必将大大提高课程质量，改善体育教学长期存在的"重实践、轻理论"现象，让学生更深刻地感受到体育教育的"人文性"价值。互联网理念融于传统教学中，推动了传统体育课堂教学的开放与创新，实现了知识的互联与共享。优质教育资源通过互联网平台公平地传递给每一位学生，实现了学生自主学习、自我发展的愿望，进而提高了学生自我管理的能力，提高了体育教育的育人效果。

（3）提升学生体质健康水平。学校体育应该加深学生对运动与健康相关专业知识的理解，运用互联网技术时要避免"蜻蜓点水"与"低级重复"，这也是体育作为终身教育的手段之一。教师通过互联网可以更深入地讲解与运动相关的知识，如心血管耐力与心血管疾病的相关性，关节活动度、肌力与慢性疼痛的相关性，体成分不合理与癌症和代谢性疾病的相关性，加深学生对"缺乏运动会导致或加重某些疾病的发生与发展"的认识，尤其是帮助那些缺乏运动的学生掌握运动相关科学知识，为学生量身打造适合他们的"个性化运动处方"，进而培养学生自主运动终身体育的生活方式。这些目标单纯依靠传统体育课程，或依靠增加传统投入都是无法解决的。

2. 互联网在学校体育教育中的价值

（1）提高体育教学的直观性。学校体育专业课程是一门以实践为主的课程，但体育专业课的理论性也很强。特别是一些竞技性很强的课程，如篮球、足球、跳远等都是常见且理论性很强的课程。例如，球队球员一般要求每天都要练习练球，但不是只依靠练球就能取得好成绩。一个球队能否取得好成绩，除了依靠球员的能力以外，还与技战术有关。技战术通常是竞技性体育项目决胜的一大重要因素。但是，面对的对手不同，需要应对的技战术就不同，一劳永逸的技战术是不存在的。

对于一个体育教师来说，如果要想自己所带的校球队在赛事中取胜，就需要让球员学会分析对手的技战术，然后选择应对的技战术。了解对手一般要搜集对手的资料，对其技战术进行分析，从而制定相应的应对战术。传统的分析都是带队的体育教师做的，球员只需要听取带队教师的分析就可以了。而利用数字化资源，球队可以将与对手的比赛拍成视频材料给每个队员，教师只需将对手的视频材料，告诉每个球员如何去分析对手、观察对手的技战术，球员就可以直观地感受到对手的技战术，从而可以建立起更为有效的对抗战术，以便更好地在与对手的角逐中获胜。同时，这样的资料还可以保存下来，形成信息资料库，从而队对其他球队采用的技战术分析得更为透彻，也更能够从技战术上打败对方。这就意味着，球队的视频资料可以共享，每个球队都可以借助一个球队拍成的视频进行技战术分析，了解对手，从而可以有效地打败对手。

（2）互动性强，激发学生兴趣。数字化的体育学习资源非常丰富，既可以是单纯的文字、图像、声音和视频等资料，也可以是综合性的资料。教师可以根据学生喜好选择学生感兴趣的教学资料。这些资料可以是学生感兴趣的格式，也可以是学生感兴趣的内容；可以是从互联网上收集的，也可以是体育教师制作的。通过发送这些资料给同学，形成可以交互体验的课件资源。教师可以借助与学生的资源共享，及时与学生进行沟通，为学生进行解惑答疑。同时，学生之间可以借助这些数字化的体育学习资源，形成学生之间的交流，从而将一些比较有效的经验在学生间分享，激发学生参与的兴趣，让学生从中学习到更多的知识。

（3）提高体育专业教学的有效性。在传统的体育课堂上，每上一节课，体育教师需要就所要教授的动作和学习内容，不厌其烦地进行讲解和说明，对一个动作反复示范，希望学生能够认真抓住动作要领，准确地将动作的美传递出来。从传统体育课的角度来看,体育教师一旦出错,就会造成一错俱错的局面。借助数字化体育学习资源,教师可以通过视频观察自身在动作方面的缺陷,及时予以改正,尽可能避免不准确动作在课件中出现。学生可以通过动作定格将某个动作要领准确掌握,还可以通过认真分析达到举一反三的目的。学生的学习经验还可以通过数据共享在同学中传播,帮助其他同学学习,有利于提高整体的体育教学效率。

（4）提高学生自主学习的能力。学生通过自己的移动终端设备学习体育,带有很大的自主性和灵活性。只要在有网络的地方,学生随时随地就可以学习,利用碎片化的时间学习体育课程,提高单独学习的能力,锻炼自主学习的能力,增强对体育专业学习的主动性。

（二）学校体育教学中互联网技术的优势

随着科技的不断发展,互联网已经成为现代社会中不可缺少的重要组成部分,正在不断地改变着人们的方方面面。互联网技术就是运用计算机技术,把文本、图形、静态图像、动画、声音和动态视频等进行集成处理,并对它们进行获取、压缩编码、编辑、加工处理、储存和展示。它具有集成性、控制性、交互性和实时性的特点,因此被广泛地应用于教学之中。当然,体育教学也不例外,必须与互联网技术相结合才能实现真正的教学改革。

目前,在体育教学中引入计算机辅助教学、各种自动化软件和网络交流工具,提升了课堂教学教书育人的效果,但还存在很多需要完善的地方。要实现体育教育的现代化,需要领导和体育教师同时重视互联网先进技术的应用,并敢于在互联网技术与体育教学的结合上创新。互联网教学以其鲜明的教学特点、丰富的教学内容、生动的教学情境,在体育教学中得到了广泛的应用;在提高学习兴趣,突破教学重、难点,建立清晰的动作表象,克服教师自身缺陷,丰富学生体育保健与常识方面起到传统体育教学不可替代的作用,达到了事半功倍的效果,突破了时间与空间的限制,大大开阔了学生的知识领域和视野,不断激发着学生的创新思维。

随着素质教育的不断深入,现代化教育技术以较快的速度进入课堂教学,特别是互联网教学的合理应用,使课堂效率明显提高。互联网技术在体育教学中的作用,具体表现在以下几个方面:

1. 增强体育教学的直观性与趣味性

多媒体集文字、图像、动画、视频、声音为一体,改变了传统的教学情景,增强了体育教学的科学性、直观性、趣味性，使学生能够尝试解决问题的新途径，对学生的心理能够产生积极的影响，满足了他们的求知欲，激发了他们的学习兴趣。例如，当进行球类战术配合教学时，学生在配合教师进行战术示范时花费了许多时间也达不到预期的教学效果。而运用多媒体游戏软件进行辅助教学，如采用"NBA"中文版篮球游戏软件，此篮球多媒体游戏光盘，可在竞赛规则允许的条件下随意设置比赛环境，凸显个性，可以毫不费力地将基本战术配合表现出来。伴随着有声有色的动画场面和软件强大的"3D"比赛录像功能，学生表现出极高的兴致。当此软件用于课外活动时，学生可以模仿练习，在球类比赛实战中，也能够做出精彩的战术配合，使学生有成就感，大大提高了他们的学习兴趣。

2. 提高学生的理解能力和创新能力

学习是一个认识过程，而理解是学生掌握知识的重要阶段。教师综合运用互联网教学手段，创设情景，把体育教学中的教学内容形象化、具体化，变动为静，变快为慢，突出重点和难点，有利于学生正确理解比较复杂的、抽象的技战术要领。例如，在跳高、跳远、投掷教学中，示范动作瞬间完成，学生看不清动作的全过程，如果利用室内课时间，将助跑、起跳、腾空、落地整个技术环节的全过程用多媒体手段演示出来，就能加深学生对动作要领的理解，增强学生的理性认识，并通过问题的研究和知识的创新，充分发挥他们的创造力。

3. 克服教师的自身缺陷

教师的个人喜好、特长、性别、年龄等因素直接影响着体育课的教学。教师运用多媒体有利于更好、更全面地进行体育教学，提高教学效果。在实际教学过程中，教师并非全能。在教学中，教师充分利用互联网课件，能够克服教师在示范动作时的不足，更重要的是多媒体课件能够把教师做不好或做不清的动作环节表达清楚。这样一来，教师在制订教学计划时，就会从全面发展学生各项素质的角度出发，而不受自身因素的影响。同时，制作课件的过程加深了教师对各项技术的理解和认识，也提高了教师的知识水平和讲解技术要领的能力，更重要的是解决了传统教学解决不了的难题。

4. 突出教学重点与难点

互联网是应用计算机多媒体技术，以其鲜明的图像、生动的画面、灵活多变的动画,以及音乐效果来优化教学过程的一种新型教学辅助手段。教师可以运用与教学内容紧密相连的成品课件或根据教学需要自己设计并制作课件来解决教学中的重点和难点问题。在以往体育与健康知识的教学中,抽象知识往往以语言描述为主,即使使用一些挂图、模型等直观手段也显得较为呆板。例如,多媒体课件利用二维、三维等空间的设计,全方位地剖析难点,化难为易,加快了学习速度,提高了学习的效率;又如,在教"投掷铅球"这个动作时,其教学难点在于最后出手动作,如果由教师来实地示范,学生很难体会到如何最后用力,技术动作也不容易被学生理解,但用多媒体课件就完全不同了,清晰的画面可以是连贯动作,也可以是分解动作,还可以把速率放慢,学生看后一下子就会明白最后出手动作应如何来做。

5. 有助于体育课堂教学方法的创新

体育教学的重要教学任务是使学生在掌握一定的运动技巧后,自己可以灵活地运用并加以创新,提高身体素质。在每次上课前,教师要求每位学生都要做好相关的预习,并提示哪些是重点和难点,强调强化练习。通过多种平台方式对比,教师大多选择用 QQ 语音网络的方式去讲课。如果学生网络条件不好,QQ 语音也会留下教师上课的痕迹,学生就可重复听,做到教学信息不断流。为了提高课堂效率,教师还可以在课前要求学生录制好复习动作视频,通过云班课举手和随机选人形式要求学生进行视频展示,并组织学生进行讨论,最后教师进行点评和纠错,并在云班课平台给予学生经验值。这样可以一举几得,不仅节省了线上教学的时间,让课堂更加紧凑,还提高了学生的自学能力,更能够帮助学生答疑,得到了很好的教学效果。

6. 创新体育教学手段

为了提高课堂氛围,加强师生互动,教师可在课堂上将抖音中运动达人的视频素材融入课堂,激发学生的学习兴趣,使学生有一种赏心悦目的精神享受,使学生产生自己积极参与的强烈愿望,提高学生的参与度。

在课堂上,教师在重点讲授内容和知识点时,可以采用当下流行的线上教育互动模式,以确保学生的在线率和参与度,同时采用边讲解边测试的方法,讲解完一个知识点,让学生在云班课回答问题或是进行动作展示,并对问题和展示动作进行讲解,增强师生之间的互动交流,提高学生对体育理论和技能知识的兴趣和欲望,以确保学生课堂的学习效果。

三、互联网对学校体育教学的影响

互联网以惊人的速度改变着人们的工作、学习和交往方式，传统的以课堂、课本、教师为中心的教学模式将无法适应未来社会对人才发展的需要。而当以计算机网络为核心的现代体育教育技术像使用教材、图书一样方便时，教师和学生的教与学活动也将发生前所未有的变化和影响。

（一）互联网对学校体育教学的新要求

1. 教师综合素质和核心素养的提升

（1）教师要加强自身的发展意识，以自己的心智去感知他人。"互联网+教育"催生了一大批优质网络教育资源的自由共享，如慕课、微课等。但是，这些网络教育无法代替一线教师的人文关怀和人才培养的灵魂导向作用。因此，学校和教师始终要坚持身体、心智和心灵三个方面的发展。同时，教师应该有较强的信息化教学能力，主要体现在在线公开课、慕课、翻转课堂等教学模式上。在信息爆炸的网络时代，教师不能仅仅依靠体育理论来传授知识，还应该熟练地掌握基本的计算机技术互联网技术和信息处理技术，利用互联网高效系统地收集、整理体育课堂所需知识，及时更新知识体系，努力提高自身的知识储备与教学能力。

（2）教师要加强组织课堂、发展课堂的能力。与传统的教学相比，有互联网参与的课堂时间利用效率更高，翻转课堂、慕课、微课等多种形式进入课堂，使得教师原本需要很长时间来解释的重点、难点内容，通过利用和展示互联网资源便可一目了然。因此，互联网改变了课堂的人际关系和时空结构。然而，互联网只是教师课堂改革的一种手段，不能完全替代传统的教学模式。互联网参与课堂，更多的是利用互联网的优势来改善课堂教育的局限性。因此，教师要善于利用互联网更加高效地组织和管理课堂，同时将课堂的物理空间通过互联网加以延伸，发展出更多维度的教学体验。

（3）教师要提升自身的科研创新能力，超出课本，从学科的高度进行教学，提升课堂的吸引力。科技成果推动理论发展毋庸置疑，在互联网时代，科学研究变得更加透明，科技成果的传播更加迅速。

2. 教学方式方法的变革

在互联网时代，以学习者为中心的教学模式将实现多层次、多维度的转变。教学的组织形式由单一化（班级授课制）走向多元化（分散化、数字化、网络化、远程化），教学方式由以教师讲授为主走向个性化教育，课程资源由原来的线下封闭式走向线上开放式，网络教育资源随处可见。教师也由课堂的控制者变成了学习的促进者，教学制度则由学校的管理化走向互联网络服务化。这些转变都导致学校和教师必须进行一系列的教育教学改革，与时俱进，采用新的教学管理方法与手段，否则将被时代所淘汰。随着互联网在教育中的不断渗透，云平台移动学习、慕课、翻转课堂、微课、教育大数据、学习分析、智慧教育、创客等一些新的教育信息化手段与教学方法不断涌现。

3. 促成终身教育和学习理念的转变

互联网的出现推动了教育文化的传播。借助信息的流通、传递和存储，互联网加速了教育事业的发展和改革，给人们创造了巨大的精神和物质财富。教育事业的巨大进步离不开互联网的功劳。体育教育是教育事业的一部分，也是教育事业不可缺少的一部分，在信息化的潮流中发生着剧烈的变化，体育教育课程内容、课程展现形式、课程教学等都在由内而外地发生变化。

终身教育主要强调了两点：一是人的一生所受到的教育，二是各种类型的教育。学习的目的是进步，不断学习才能不断进步，这与"终身教育"的目标一致，因此，人们不断进步的基础需求就是不断地进行终身教育（学习）。这一观念早已得到推广和普及，并为许多教育学者所推崇。互联网时代的出现表现在信息数据流量的增加，为信息数据提供了更多的传播方式，为信息数据提供了更多的数据源，为信息数据提供了更丰富的展现形式，为信息数据提供了更多的传播载体，也为信息数据的存储提供了更多的硬件和软件终端。因此，它将为教育事业的发展提供更多的便利。体育教育作为教育事业的一个重要分支，同样会获取便利，加速发展。

正是由于互联网提供的诸多便利，体育教师和学生不再以传统的教育者和学习者进行划分，也就是说不再以"体育教师"即"教育者"，"学生"即"学习者"来进行明确划分。体育教师和学生都将同时担当"教育者"和"学习者"的角色。可以这样理解：①体育教师转变传统"教育者"的专属神圣的"主动传道型"地位，变换自身角色，成为学生学习过程中的"指导者""引导者""倾诉者"和"辅导者"。②学生转变传统的"学习者"的专属"被动接受型"地位，变换自身角色，成为能和教师进行讨论的"交流对象""倾诉对象"和"指导对象"。体育教师和学生的角色地位的相互转换，让体育教师和学生能够相互学习、相互讨论、相互进步、相互指导，最终转变传统的学习理念，加速体育教育事业的发展。

（二）互联网对体育学习模式的影响

互联网概念从出现到普及，逐步发生着天翻地覆的变化，改变了人们传统的生活、学习和工作模式。人们从传统单一的"接受型"学习模式，转变成具有个别化的、个性化的"选择型"学习模式，使人们有更多的选择权去选择自己所要学习的课程内容，有更多的选择权去选择自己参与学习的时间段，有更多的选择权去选择自己学习课程的课程形式，甚至拥有了选择权去选择自己所喜爱的授课教师。受传统教育的影响，体育课程教学安排的课时和最终考核占比都会相对较低，但是对于信息化新时代的发展，体育课程已经逐步取得了重要的地位，尤其是学校的体育专业教育。信息化时代的体育教育课程地点不再局限于课堂，课程授课形式不再局限于教师的"传道""授业""解惑"，课程授课内容不再局限于以"书本"或者"教材"为中心的教学，而是可以通过互联网技术实现线上与线下的远程教学，可以通过互联网技术进行天气预测，实现不同天气环境下体育课程内容的授课工作，可以通过互联网技术进行学生体育课程数据的实时搜集、整理和分析，还可以利用互联网技术及时变换、更改、调整课程内容，并通过不同的课程形式进行呈现，从而使现代化体育教学变得具有个别化、个性化。

因此，通过利用互联网技术提供的各种便利，不仅减轻了体育教师的教学任务，还为学生提供了形式多样、生动有趣、定制化的多种课程，让他们的学习更加具有激情，使学生转便为课程中的"主导者"，让学生的学习模式发生改变，形成自导型学习模式，让学生能够通过互联网选择适合自己的体育课程，或者通过互联网与体育教师进行实时沟通和互动，获得教师的实时指导，或者借助互联网合理规划自己的课程学习时间，从而拥有更多的学习主动性，并塑造自我成就感和归属感。

（三）互联网对体育教师角色的影响

在互联网背景下，学校体育教学改革对学校体育教育的目标有着巨大的冲击，并促使其不断进行调整，开发新的课程内容，设计新的课程展现形式，实施新的教学方案。这些都给学校体育教师带来了相当大的挑战，为体育教师的工作"布置"了新的教学任务。教学不再是传统、简单的"开始上课—传授课程—结束课程"这个循环模式，而是需要体育教师重视授课内容，在对自己所教授课程的内容进行熟悉的同时，能够通过创设不同的场景，针对不同的教学对象进行不同形式的教学内容的呈现。这些都需要体育教师借助互联网来规划和调整。

随着互联网背景的出现和普及，体育教师已经不再是常规体育理论知识的传播者，也不再是教学过程中的主导和核心，而是体育教学工作的组织者、参与者和辅导者。体育教师组织学生在体育课程中通过不同形式的课程互动来掌握体育技能和处理各种突发状况；参与学生所喜爱的体育课程活动，与学生互动，了解不同年龄、不同年级、不同性别、不同性格的学生对体育课程的教学内容的掌握程度和喜爱程度，并实时进行调整；辅导学生解决在新型体育课程中遇到的难题，引导他们掌握正确的体育技能。总之，互联网背景下的学校体育教师具有重要的工作使命，他们不再是传统体育课程中的以"书本教学为中心"的传授者、主导者，而是能够给予学生想象的空间，让学生成为自由发挥的组织者、参与者和辅导者。

互联网让信息技术更加成熟，也使体育教师从"繁重""重复"教学工作中"解脱"出来，不再将目光聚焦在简单的教学安排和学生考勤等工作上。这使他们拥有更多的时间和精力，借助信息化管理手段去研究和参与学生的学习成为进度，去接触更多、更新、更广的体育教学内容。

因此，在信息时代，学校体育发生着巨大的变化，身处其中的体育工作者应时刻跟随时代的变化与时俱进，调整各自的角色和职能，以适应这个数据爆炸的时代。

（四）互联网对学校体育教学空间的影响

互联网时代的到来，不仅使互联网技术得到飞速发展，还为教育提供了诸多的便利，使教育事业突飞猛进。互联网打破了传统的学校局限，为学校提供了新型的教学形式、多样的教学内容。互联网拓展了传统学校体育教学的时间和空间，使体育教学的时间更加自由，空间更加多样化。例如，依靠互联网，体育教师和学生可以合理安排教学时间和学习时间，还可借助互联网进行远距离教学和学习，不需要拘束于统一的课程时间和课程地点，从而使"无形的教师"和"无形的学生"在自由的时间和空间进行"教学"和"学习"，节省了时间，提高了教学和学习效率，实现了互利双赢。

同时，借助互联网建立起来的"虚拟学校"，能够让受时间、地点和环境限制的学生实时地获取学校的最新课程内容和课程动态。由此，体育教师可以卸下重复工作的重担，用节省下来的这些精力为学生创造更多的学习机会，提供更新的学习内容，做更多的科研工作。学生也可以从诸多的课程学习形式中激发学习兴趣，选择自己所喜爱的或者需要的课程学习内容，从而更加高效、自主地获取知识。

因此，体育教师和学生在体育教育工作中所做的转变为学校拓展了发展空间。

第二节 互联网背景下体育教学思维的转变与创新

伴随着时代的不断发展，各种信息化技术在社会各个领域得到了广泛的利用，其中互联网技术具有一定的代表性。在互联网技术日益发展的背景下，体育教学可以充分利用互联网教学思维和方法，从而提升体育教学的质量和效果。在互联网视域下，旧有的教学理念已难以适应现代体育教学的发展，这就需要体育教师及时地转变与更新旧思维、旧观念，树立现代体育教学的新理念，推动体育教学的进一步发展。

一、体育教学思维的转变与发展

（一）体育教学思维的特征

体育教学思维是指体育教师从专业视角对各种教学问题进行思考并做出判断以及回答、议论和解决的一个认知过程。体育教学思维对于体育教学活动的顺利开展具有重要的意义。

体育教学思维可以说是对体育教学过程的一种认识，其特征主要表现在以下几个方面：

1. 动态性

在具体的体育教学活动中，师生之间少不了各种互动与交流。整个教学过程呈现出动态发展的特征，师生之间的互动也呈现出动态变化的特征。在课前、课中或课后，体育教师的情感都会出现一定的变化，教师为了帮助学生更好地学习和提高体育知识与技能，会采取各种手段与措施激发学生学习的兴趣。这些手段的采用有一定的不确定性和变化性。体育教师选择的手段不同，就有可能带来不同的教学效果。由此可见，体育教师教学活动的思维不是固定不变的，而是处于变化之中的，具有一定的动态性特征。

2. 复杂性

在具体的体育教学过程中，影响教学活动顺利进行的要素是多方面的。一名出色的体育教师一定要具备出色的组织教学活动的能力，要能洞察体育教学的各方面因素，展开有针对性的教学活动。师生是体育教学中的重要主体，二者之间的关系比较复杂，除此之外，还存在着其他方面的关系。体育教学需要在这样的复杂局面下，处理好各方面的关系，引领体育教学主体朝着预期的方向发展。一名体育教师必须要在具体的教学活动中，解答学生的各种疑问，帮助学生积极主动地思考问题，这就使得教师的思维呈现出一定的复杂性特征。

3. 应用性

与其他课程相比，体育教学活动具有很强的实践性。在体育教学活动开展的过程中，体育教师会利用各种教学手段与方法指导学生进行各种技术动作的学习。这一过程充分贯穿着体育教师的教学思维，这就是体育教学思维在体育教学中的具体应用，体现出重要的应用性特征。

4. 综合性

整个体育教学过程是比较复杂的，存在着各种不确定因素。体育教师要密切关注这些不确定的因素，展开有针对性的教学活动。体育教师在教学过程中要充分结合体育教学目标、体育教学思想、体育教学理念、体育教学方法等因素，组织与开展具体的教学活动，这样才能保证教学活动的顺利进行。另外，体育教师还要考虑自己的个性特征、体育教学策略、体育教学计划等，保证教学活动的顺利进行。

5. 元学科性

在体育教学中，学习与提高运动技能不是最为根本的目的，其目的在于通过体育教师的教学，以及学生能掌握学习的手段与方法，实现学以致用的效果。为实现这样的效果，体育教师必须要充分认识和了解体育学科的概念、特征、功能和思维方式等多方面的内容，这样才能产生正迁移的作用。

在互联网教学思维下，教学思维不仅要关注教学活动本身，而且还要重点关注体育教学活动的主体——学生，引导学生积极参与整个教学过程。在这样的情况下，学生的各方面素质才能获得进一步发展和提高。这一过程属于一个元认知或元学科式的横向思考过程，因此，体育教师一定要把握体育教学思维的这一特征，这样才能组织与实施合理的教学活动。

（1）让学生充分认识与理解体育教学课程的概念与性质。

（2）让学生在体育教学活动中受到启发。

（3）根据具体的教学实际及时调整学生的学习观念、学习态度和学习行为。

（二）体育教学思维转变的方向：从简单到复杂

人的思维方式主要包括简单思维与复杂思维两种方式，体育教学思维的转变主要指的就是从简单思维到复杂思维的转变。

1. 简单思维

人之所以与动物不同，其中一个很重要的原因就是人类具有各种复杂的思维方式，这一思维方式主要是指一定的世界观在人类头脑中的内化与表现。恩格斯认为，人类的各种思维方式都是一定的历史时期的产物，在不同的时代背景下，人类的思维方式会呈现出不同的样态。人的简单性思维主要来源于简单性原则。但需要注意的是，简单性思维并不是指简单化地处理社会问题，而是利用简单思维处理复杂的问题，将问题简单化，这样便于更好地处理问题。总之，简单性思维主要将系统看作是一个单一因果关系的线性相互作用的系统。该系统处于一个平衡发展的状态，该系统的运行是有序的，遵循一定的规则。

在简单性思维方式的指导下，世间万物都可以简化为机械系统。该系统内的各个零件相互作用、共同发展，如果人们能够对每一个零件进行细致的分析，就能总结出世界上各种事物的发展特点与规律。在人类认识世界与改造世界的过程中，简单性思维可以说是发挥着非常重要的作用，对人类社会的发展有着重要的意义。

在学校教育中，简单思维可以说是建立教学体系的一个主要依据，这一思维方式在体育教学领域发挥着极为重要的作用。

伴随着现代社会的不断发展，简单思维逐渐与现代社会发展的客观要求不符，开始制约着人类思维的发展，这就需要由简单思维向复杂思维的转变。但需要注意的是，简单性思维仍然在人类思维史上占据着非常重要的地位，并不是可有可无的。

2. 复杂思维

伴随着现代社会的不断发展，人类探索世界的思维方式开始由简单思维向复杂思维转变。与简单思维不同，复杂思维主要呈现出以下四个特征：

（1）非线性特征。线性与非线性属于一对数学概念。线性指的是两个变量之间的正比例关系，非线性则是指两个变量之间没有直线关系。复杂性与简单性相区分的一个基本尺度就是非线性。非线性系统具有多样性的特征，在具体的实践探索中，我们要从不同层次、不同角度来研究复杂的非线性系统。

（2）生成性特征。世界每时每刻都是处于不断发展和变化之中的，这说明世界具有不确定性的特征。在这样的情况下，世间万物也就呈现出一定的不可预测性和不可重复性特征。伴随着时代的不断发展，各种事物都会发生明显的变化，整个世界可以说处于不断地创新与变化之中。各种旧事物被淘汰，新鲜事物萌生，整个世界呈现出一个复杂的动态过程。这一过程中，各个事物是生成和变化的。

（3）整体性特征。复杂性思维还会呈现出一定的整体性特征，这一特征呈现出各个组成要素本身并不具备的新特征。对于整个系统而言，系统内各要素发生着非常密切的联系，各个要素之间的关系是比较复杂的，这一复杂性的科学理论也被称为"非还原论科学"。

（4）开放性特征。在简单思维下，系统是处于封闭的平衡状态，系统内各要素与其运行环境没有互动与交流。而在复杂思维下，系统被认为是开放的，系统内的诸要素都与系统或外界发生着各种各样的联系。因此，复杂性思维要求人们本着发展的、开放的眼光看问题。这种思维方式与人类现实世界的真实图景更为接近，促使人们的思维方式由简单性思维转变为复杂性思维。

在体育教学领域，人们通常采用的都是简单性思维，在简单思维的指导下去分析问题和解决问题，使得复杂性思维的运用不完全。这一情况在未来的体育教学中亟须得到转变，这样才能符合现代学校教育的基本要求。

（三）简单思维转变为复杂思维的必要性

1. 体育教学内在逻辑发展的需要

在当今社会背景下，体育教学理论的发展面临着诸多方面的挑战。体育工作者要勇于突破传统局限性，打破旧有的体育教学理论的框架，重新审视体育教学新理论，用复杂性教学思维去分析问题和解决问题。

在现代教育背景下，运用复杂性思维对体育教学系统内的各要素进行分析具有重要的意义，这样做的目的是启发创新性思维，形成研究的新视角。这样紧跟时代发展的形势，对于整个体育教学而言具有非常重要的理论与实践意义。

2. 体育教学主体的复杂性

在整个体育教学系统中，存在着各种各样的要素，正是因为这些要素之间的相互联系才构成了大的系统。在体育教学系统中，教师和学生是重要的主体，缺少了这两个重要的主体，体育教学活动也就无法开展。体育工作者必须要从生物学、社会学、心理学等方面对其进行全面的考察与研究，才能得出正确的结论。可以说，这两个主体要素的复杂性决定了体育教学系统的复杂性。

体育教学主体具有一定的复杂性特征，这一特征具体体现在以下几个方面：

（1）体育教学的主体——师与生在年龄、经验与社会履历等方面都存在着一定的差距，因此他们在思维方式、知识结构、综合素质等方面就存在着一定的差距，这是非常正常的情况。

（2）由于每一位学生在身体素质、运动基础、兴趣爱好等方面都存在着一定的差异，因此相对应地也就存在着班级间的差异。

（3）体育教学中存在着师生、生生等关系，处于这些关系之下的人都会对其他人构成一定的影响，进而影响体育教学活动的顺利进行。因此，一名出色的体育教师需要在平时的教学活动中恰当地处理彼此之间的关系，只有如此才能提高教学的效率，实现教学目标。

综上，在具体的体育教学实践中，体育教师要充分认识这一差异，要科学、组织与安排教学过程，实施因人而异的教学。

3. 体育教学其他要素的复杂性

体育教材是教师教学和学生学习的重要载体，缺少了这一载体，体育教学活动便无法顺利进行。作为学校教育的重要组成部分，体育教学在近些年来受到高度重视。伴随着现代社会的不断发展，体育教学系统发挥着越来越重要的作用，可以为社会培养大量的人才，满足社会发展的需求。与其他学科不同，体育教学注重实践性，大部分的教学活动都是在户外进行的，其教学环境与其他学科也有着极大的不同。体育教学环境主要包括物质环境，还包括心理环境和社会环境，这说明体育教学环境具有复杂性的特征。

4. 体育教学研究的简单化倾向

通过以上分析可知，体育教学属于一个复杂的系统，包含的元素众多，因此需要运用复杂性思维来分析问题和解决问题。但是，受各种因素的影响，当前在学校体育教学中，简单性思维方式仍然占据主导地位。这主要体现在以下几个方面：

（1）追求还原论，忽视整体性。运用简单性思维去处理体育教学中的各种问题，主要表现为只追求突破体育教学的一个环节或一个部分，而忽视了整个体育教学系统的改革与发展，这对于体育教学的发展是非常不利的。

（2）追求普适性，忽视特殊性。在简单思维的指引下，人们往往只重视简单体育教学框架的研究，而忽视了体育教学的复杂性，导致构建的教学理论体系非常枯燥和呆板，欠缺机动性。这种做法忽略了系统的特殊性以及对系统中的局部因素研究，因此这一研究欠缺科学性和合理性。

（3）注重结果，忽视过程。在简单思维的引领下，人们往往只注重研究的结果，对于研究的过程不甚重视。这部分研究者试图寻找到一种一劳永逸的教学方式来引导体育教师和学生的发展，但实际上，整个教学系统以及系统内各要素都是处于不断的发展和变化之中的，这一方式欠缺合理性。

（4）对研究对象特殊性的认识不充分。在体育教学中，研究的重点应该集中于促进学生健康成长和发展。另外，整个体育教学过程都是比较复杂的，处于不断的变化与发展之中，尤其是学生这一主体要素是复杂多变的。因此，其他学科的研究方法并不一定适合体育教学研究，体育教学研究要建立在充分认识与了解研究对象的基础之上。

（5）研究成果缺乏实用性。与一般的学科研究不同，体育教学研究更注重实用性，这主要表现在两个方面：一方面需要通过一定的检验活动来评定教学研究成果是否正确；另一方面通过一定的手段评定体育教学研究成果是否具有应有的实用价值。这两个方面都是必需的，缺一不可。体育教学研究是一项非常复杂而艰辛的工作。在这一研究过程中，研究人员需要付出加倍的努力才有可能获得预期的研究成果。这一研究成果不仅要正确，而且要具有一定的实用价值，这才是有意义的研究。因此，体育教学研究要强调来源于实际需要、应用于实际需要的实用性。

（6）重复研究，没有创新。研究人员首先要明确体育教学研究的各个问题，要选择具有研究价值的选题，深入细致地调查与研究课题的现状，搜集大量的资料展开细致的分析。当前，一部分体育教学方面的研究属于重复性的研究，还有一部分研究内容缺乏必要的意义，既不能丰富和完善现有的体育教学理论体系，也没有一定的实际价值，可以说这些研究都是无用的研究。因此，体育教学研究要与时俱进，讲究创新性的应用与发展，这样的研究才是有意义的研究。

二、互联网视域下体育教学思维的创新

（一）体育教学思维创新的影响因素

当前，我国学校教育普遍进行素质教育，素质教育的一个非常重要的目的就是培养和提高学生的创新意识与能力。对于个体而言，要培养和提升自身的创新能力，首先就要具备一定的创新思维，这是最基本的条件。

需要注意的是，创新思维并不是凭空产生的，其形成与发展需要一个长期的过程，是个体通过不断地摸索与发展才形成的。创新意识或思维的培养会受到各种因素的影响。个体必须要充分认识这些因素，并采取必要的手段和措施消除这些因素带来的消极影响，这非常有利于个体创新思维的形成与发展。具体而言，影响个体创新思维的因素主要有以下几个方面：

1. 认知因素

学生在培养与发展自己的体育教学思维时，主要受以下认知因素的影响：

（1）容易产生思维定式，不能及时领悟当前发展的具体实际情况。

（2）体育知识结构体系不丰富，缺乏创新思维能力提高的必要条件。

（3）技术动作表征和运用能力较差，不能正确地感知和理解问题。

（4）存在一些不好的思维品质，影响创新思维能力的培养。

2. 个性因素

个性也是影响体育教学思维创新的一个非常重要的因素，这主要体现在以下几个方面：

（1）如果体育教师和学生缺乏必要的创新需要和动机，就会影响体育教学思维的创新。

（2）在创新兴趣比较匮乏的条件下，体育教学思维的创新难以实现。

（3）如果缺乏一定的创新意志，也难以实现体育教学思维的创新。

3. 师生因素

师生因素是影响体育教学思维创新与发展的一个重要因素，这一因素主要体现在以下几个方面：

（1）如果教师综合素质较低，就不能为学生提供有益的帮助，影响学生创新思维能力的培养与提高。

（2）如果教师缺乏良好的社会意识，就会导致对学生创新思维的培养不力。

（二）体育教学思维创新的对策

1. 激发学生学习动机和好奇心

为提升体育教学的质量和效果，体育教师必须要引导学生激发自己的学习兴趣和动机。只有在这样的情况下，学生才能产生主动学习的动力，从而引发创新思维。在具体的教学过程中，教师要为学生做好良好的榜样，善于启发和引导学生的发散性思维，产生新的思维火花，不断提升学生的思维创新能力。为进一步提升学生学习的动力，为创新思维的建立奠定良好的基础，体育教师在教学中要注意以下两个方面的要求：

一方面，在平时的教学过程中，要综合教学中的各个要素设计合理的教学方案，这些教学方案要能有效引导学生进行积极的思考。

另一方面，在具体的教学过程中，要针对每一名学生的具体实际，合理设计与安排适合的体育教学内容，满足所有学生的学习需求，提高学生学习的主动性和积极性。

2. 给予适度的心理自由与心理安全

对于生活在校园中的学生而言，除了加强其身体素质的发展外，给予其一定的心理自由也是非常重要的。学生只有拥有了心理自由才会感到心理安全，才能保证心理健康，避免出现各种心理问题。只有具备了心理自由与心理安全，学生才能在平时的生活与学习中自由地表达自己的思想，塑造与发展自我。为帮助学生实现心理自由与心理安全的目标，可以采取以下手段与措施：

（1）教师要加强与学生的沟通与交流，多鼓励学生，给予学生充分的信任。久而久之，学生就会建立起学习的自信心，以积极主动的热情投入学习之中。

（2）在教学过程中，要构建一个良好的师生关系，增强师生间的互动与交流，师生共同发展和进步。

（3）教师应采取各种手段与措施激发和保护学生的创新思维，善于引导学生进行积极的思考。

3. 尊重学生的独立人格

要想培养和提高学生的创新意识与能力，没有一个独立的人格是行不通的。创造性的基础就是要强调人格，实现自我价值与个性发展。尊重学生的独立人格，唤醒学生的自主性，培养学生的独立人格就显得至关重要，这是激发学生创新意识与思维的重要基础。"体育教学在培养学生健康体魄的同时，也很好地培养了学生的群体的人格健康发展。"[①] 在具体的体育教学中，尊重与培养学生的独立人格需要从以下几个方面进行：

（1）在平时的教学中要给予学生一定的自由，学生要结合自身的实际情况合理安排学习时间，提高学习的效果。

（2）要采用先进的体育教学模式，给予学生充分的自主选择权，自由选择学习内容。

（3）要积极引导学生培养创新思维与意识，提高创新能力。

4. 开展探究性学习

探究法是指在教学中学生掌握各种知识与技能的学习方法。这一方法在当今学校教育中得到了广泛的运用。教师运用这一方法能够有效地提高学生的创新思维意识与能力。在具体的教学中，要注意以下几个方面的要求：

（1）目的要明确。教师在进行教学研究的过程中首先要明确研究目的，这样才能朝着这一方向努力，否则体育教学的探究工作就显得没有意义，还会导致时间的浪费，更加不利于课程研究目标的实现。

（2）体育教学要与学生的知识水平相符。一名合格的体育教师要充分了解与掌握每一位学生的实际情况，包括学生的学习基础、学习态度、兴趣与爱好等，充分了解学生的知识结构，这样才能更好地引导学生进行教学的探索。

（3）善于启发与引导学生。在体育教学过程中，存在着大量的疑难问题，这时就需要体育教师积极地引导学生进行发散性思考，采取合理的手段与措施去解决这些疑难问题。在解决问题的过程中，学生的探究与创新能力能够得到极大的提升。

---

① 王宇航. 体育教学对学生人格发展的影响 [J]. 运动，2015（23）：87.

5. 利用互联网资源培养创新思维

如今社会已进入一个信息化时代，在当今时代背景下，互联网资源在社会各个层面都扮演着十分重要的角色。与此同时，学生利用互联网资源的能力逐渐提高。通过各种互联网信息或资源的利用，学生能很好地培养和提升自己的自主学习和创新能力，这对于学生创新思维能力的培养和提高具有重要的意义。

在具体的体育教学中，体育教师可以安排十五分钟的准备活动，让学生设计、组织准备活动。在准备活动结束后，教师进行考评，并在最终考核中将这部分成绩纳入其中。对于完成作业优秀的学生，教师要给予一定的表扬和奖励，这就更能激发学生参与学习的积极性，有利于思维创新能力的发展和提高。

在具体的教学过程中，学生可以提前和教师做好必要的沟通与交流，以保证教学活动的顺利进行。学生可以向教师提出各种疑问和问题，教师逐步引导学生提升自己的发散思维，这对于培养和提升学生的创新思维能力有重要的帮助。

第三节 创新思维下的体育教学理念及应用

现代体育教学要想获得进一步的突破与发展，首先就要建立创新的思维观念，以创新的思维去思考问题，采取创新的手段与方法提升体育教学的质量。在当今教育背景下，"以人为本""健康第一""终身体育"的教学理念受到教育者的高度重视，这些教学理念都是建立在一定的创新思维之下的，具有一定的先进性。

一、"以人为本"教学理念

（一）"以人为本"的教学解析

伴随着现代社会的不断发展，"以人为本"教学理念的内涵越来越丰富，成为诸多专家及学者研究的对象。关于"以人为本"教学理念，具有代表性的观点有以下四种：

（1）"以人为本"教学理念的核心是教育要提升人的主体地位。"以人为本"，实际上就是"以学生为本"，学生在体育教学活动中占据着十分重要的地位。

（2）学校教育中的"以人为本"，要求教师应尊重、理解、关心和信任学生，促进每一位学生的个性化发展与综合素质的发展。

（3）"以人为本"教学理念，"人"是指学生和教师，教师和学生都是教学活动的重要主体，"以人为本"主要包括"以学生为本"和"以教师为本"两个方面的内容。

（4）"以人为本"教学理念是一种以尊重和关怀他人为核心的教学理念，倡导以人为主体，以教育为主体。这一观点主要是从宏观层面考虑的。

综上所述，在"以人为本"的教学理念中，广义上而言，"人"是指学生、教师和教育管理者，狭义上则是指学生，教育是"培养人"的一种活动。"以人为本"中的"人"的最大内涵是"学生"，体育教育应注重学生身心健康和全面素质的培养，这才是真正意义上的"以人为本"。

（二）"以人为本"的教学观点

"以人为本"这一教学理念充分肯定了人在教育中的作用，将这一理念充分应用于体育教学之中能取得良好的教学效果。"以人为本"的教学观点主要体现在以下几个方面：

1. 教育目的——促进师生的自我实现

"以人为本"的教学理念认为，学校教育的主要目的是促进师生的自我实现，这主要表现在以下两个方面：

（1）在体育教学中，学生的自我实现是要促进其身心发展、智能发展、社会适应性提高等自我发展，让每一位学生都能通过体育教学有所进步，体育具有多元教育价值，体育教学能够促进学生各种素质的综合发展。

在"以人为本"的基础性理论——人本理论的支持下，体育教育强调了在体育教学中不仅要重视健康知识和运动技能的学习，还要通过科学的体育教学环境创设和教学过程安排来促进学生的心理、情感、智慧及社会性发展，使学生情感和智力有机结合。体育教育的一个重要教学任务就是在体育教学中促进学生的认知与情感的共同进步与发展，通过体育教学，发掘和发挥每一位学生的学习潜能，培养学生的个性，使学生具备自我判断与创新的能力，这是学生综合素质提高的必然要求。

（2）教师的自我实现也是"以人为本"的一个重要目的。在体育教学中，教师的自我实现就是能创造性地完成体育教学任务，扮演好体育教师这一角色，实现自身应有的价值，通过体育教学培养出适合社会发展的合格人才，促进学生的发展与进步。同时，在体育教学中，体育教师要通过对体育教学的科学设计与各种丰富多彩的体育教学活动的开展和教学媒体媒介的应用来提高自己的教学能力、组织能力、社交能力、科研能力等。体育教师在组织与开展教学活动的过程中，促进自我综合教学能力和体育素养的不断提高，实现自身的应用价值。体育教师这种严于律己的行为方式能对学生产生潜移默化的影响，对于促进学生综合素质的发展具有重要的意义和作用。

2. 课程安排——尊重学生的自由发展

受人们传统思想的局限和影响，传统的学校教育比较侧重于社会价值和工具价值，人本位的思想和观念并不受重视。但是，随着时代的不断发展，人们逐渐认识到传统工具化教育是对其本质属性的违背，也逐渐认识到人是教育的出发点。人本教育将教育的重点落实到人身上，关注人的健康成长。

在人本教育基础上，我国提出的素质教育正是关注以学生为本的一种教育。素质教育的实施方针是坚持实现自身价值与服务祖国人民的统一。学生是教育活动的主体，素质教育背景下的教育应关注学生的个性发展和独立人格发展。在体育教学中，教学也应关注学生群体的个性化发展，要采取各种手段与措施激发学生学习的积极性，促进学生综合素质的发展与提高。

在学校体育教学中，教育的目的不是"批量生产人才"，而是促进每一名学生的个性化发展，这是"以人为本"教学理念的重要要求。因此，体育教学应在统一要求的基础上做到因材施教，教师必须尽可能实现多样化的教学课程设计，促使每一名学生都能获得成长与进步，培养出符合现代社会发展，个性化与全面发展的人才。

3. 教学方法——重视学生情感体验

"以人为本"这一教学理念强调在体育教学中以学生为中心，促进学生的个性化发展，这些都是从日常学习经验中感悟到的。因此，要实现这一目标，就需要重视体育教学方法的选择，选择合理的教学方法能有效激发学生的学习兴趣，从而提升教学质量和水平。

在"以人为本"体育教学理念的指引下，体育教师应全面了解和尊重学生，构建和谐的师生关系，这样才有利于体育教学活动的顺利进行。在体育教学中，学生的学习受个人态度、个人爱好、获得学分等因素的影响，教师的个人魅力也是其中一个非常重要的因素。此外，师生和谐关系的建立也有助于教学活动中师生能够更好地配合，从而提高体育教学的质量。

（三）"以人为本"教学理念在体育教学中的应用

1. 体育教育价值的重定位

受传统教育思想的影响，人们对于"育人"的认识缺乏深度，存在着一定的误区。很长一段时间以来，人们总是在理解体育科学化的基础上，常常采用生物学的观点来对学校体育的价值做出判断，并且过多地关注学校体育"增强体质"的功能。除此之外，在对体育运动本质的理解上，一些教师存在一定的偏差。以足球运动教学为例，在传统的教学体系下，我国体育教材普遍将足球运动确定为"是以脚支配球为主，两个队在同一场地内进行攻守的体育运动项目"。针对此概念，有教师认为，"球"是活动争夺的目标，自然应该处于主体地位，因此也就忽视了"球"要受制于人，"人"才是活动的主体。因此，要想促进教学质量的提高，就必须要转变陈旧的体育教学理念。

随着现代社会的不断发展，社会上的各种思想文化相互碰撞与融合，教育思想出现了极大的改观与发展。"人本理论"和"以人为本"教育理念的提出体现了当代社会对人发展的重视。在体育教学领域，学校教育部门开始强调人性的回归，"育人"成为体育教学的一个重要理念和目标。

"以人为本"的体育教学理念符合当今时代发展的要求，也与体育教学的目标和要求是一脉相承的。在当今社会背景下，人的发展在社会的各个领域受到了重视。即使是在智能时代，很多机器生产代替了人工生产，但是发明机器、操控机器的还是人，人在人类社会发展中起着不可替代的作用。

在人本主义教学理念的指引下，体育教师在平时的教学中要非常重视学生这一要素，各种活动的开展都需要学生的参与与配合，学生与教师之间要加强互动与交流。

需要注意的是，在"以人为本"的教学理念下，教师也应受到关注，体育教师在体育教学活动中也发挥着至关重要的作用。从广义上而言，"以人为本"就是指以教师为本、以学生为本。

伴随着现代社会的发展，我国的体育教学思想呈现出多元化的发展趋势，诸多教学思想都围绕"人"的教育展开论述，"人"的发展越来越受到重视。

这说明在体育教学中，"以人为本"的教学理念深入人心，得到了很好的贯彻与实施。

2. 体育教学目标的重构

在传统的思想观念下，体育教学的主要目标是增强学生体质。如果体育教学的目标显得过于功利化，过于追求竞技成绩和金牌数量，那么对于学生的健康持续发展是非常不利的，也不利于学校体育教学的长远发展。

随着体育教学的不断发展，新的科学化教学理论、教学理念给了体育教育工作者更多的教育启发与指导。体育教学的育人作用被不断丰富和发展，多元化的学校体育价值体系对体育教学目标重构提出了要求。

在新时代的背景下，"以人为本"的教学理念在体育教学中得到了广泛的运用，这是时代的发展和进步。越来越多的学者逐渐认识到传统的技术教育和体质教育不再适合当前的体育教育教学，不能单纯地追求学生的外在技能水平，而应该重视学生的全面、健康、可持续发展。新时期体育教学的重点转移到"以人为主"上，在体育教学中，教师必须认识到，人是运动的参与者，一切教学活动都要围绕人，也就是学生进行。

3. 学生教学主体观的建立

发展到现在，"以人为本"的教学理念已渗透进学校教育的各科教学之中，受到广大教师和学生的重视。在我国的体育教学实践活动开展过程中，越来越多的教师开始关注学生，从学生的特点、条件、基础和学习需要出发来选择教学内容、教学方法、教学组织形式与教学模式。体育更多以选修课形式设置，不同教师之间也正是通过个人教学能力和对学生的"因材施教"，以及关心关爱学生，深受学生的信任和爱戴，从而提升了体育教学的质量。

4. 体育课程内容的优化

在新时代的背景下，"以人为本"教学理念重视学生的全面、健康、个性化发展，对于体育教学内容的选择也要更加科学和合理。

在"以人为本"教学理念的指导下，我国的体育教学有了很大的进步与发展，为了进一步促进我国体育教学的改革，教育部门先后修订各级学校体育教学大纲，强调在体育教学中要不断丰富体育教学内容，通过多样化教学内容促进学生的身心健康与全面发展。在体育教学中，教学活动的开展建立在落实"健康第一"的教学理念的基础上进行，通过丰富的体育教学内容来吸引学生参与体育锻炼，通过体育教学促进学生身心健康发展。而非传统体育教学只关注竞技能力提高，有时为达到"竞技力提高的目的"甚至安排不合理的教学内容，这种教学安排对于学生的健康发展是非常不利的，要杜绝这一现象。

除此之外，"以人为本"的体育教学理念还十分强调体育教学内容要与学生的发展需求相适应，主要包括以下几个方面的要求：

（1）教学内容要保证多样性和趣味性，在能满足学生学习需求的同时，激发学生学习的兴趣。

（2）体育教学内容要体现健身性的特点，将那些竞技技术教学内容予以摒弃或改编，从而更好地为学生身体健康服务。

（3）体育教学内容要具有一定的适用性，要有利于学生的身心健康发展，还要能培养学生的体育学习意识，提高学生独立学习的能力。

（4）体育教学内容还要具有创新性，符合现代社会发展的潮流，应具有启发性、创新性，能很好地培养学生的创新意识与能力。

二、"健康第一"教学理念

（一）"健康第一"教学理念的内涵

"健康第一"教学理念有着十分丰富的内涵，这主要体现在以下几个方面：

（1）强调身体健康是健康的基础。"健康第一"中的健康不仅仅指的是身体健康，还包括心理健康、社会健康、生殖健康等多维健康。健康的首要基础是身体健康。健康的体魄是人类发展的基本标志，教育应首先关注健康教育。

（2）强调多元健康发展的素质教育。"健康第一"教学理念十分强调体育教育应重视学生的健康发展，指出学校教育教学的首要目标是促进学生的健康成长，这比学生的学习成绩更为重要。

（3）强调健康教育的全面性。"健康第一"已成为当今体育教学一个非常重要的理念，这一理念要求体育教学活动的开展要以学生的健康为基础，重视学生的身心健康发展，不仅要关注学生的身体健康，还要关注学生的心理和社会性健康，以为学生奠定良好的身体基础、心理基础，并能在走出校园走进社会之后拥有良好的社会适应能力。

现代社会激烈的竞争要求学生必须具备良好的心理素质，这样才能有效解决在社会面临的各种问题。当前，就我国学生群体而言，许多学生都深受学业、就业、生活中各种问题的困扰，都存在不同程度的心理问题。因此，教育关注学生心理健康非常必要。体育具有促进运动者健康心理形成和发展的重要作用。现代学生压力大，容易受不良因素影响，体育教育应关注学生的心理健康，促进学生心理水平的提升与完善。

体育是一种独特的教育形式，学校体育教育可促进学生的社会性良好发展，应该在教学中有意识地培养学生的人际关系建立、竞争与合作的能力。

因此，在具体的体育教学活动中，应充分贯彻与实施"健康第一"的教学理念，这样才有利于学生身心全面发展。

（二）"健康第一"教学理念的依据

从世界范围来看，"健康第一"教学理念的提出是符合世界教育发展趋势和社会对人才的发展要求的。

1. 世界范围内人类健康发展的重视

在人类社会的发展历程中，健康始终是一个备受关注的课题。人类健康是推动人类社会发展的一个必要条件。在世界范围内，各国开始普遍关注社会健康、大众健康是在20世纪50年代后，各国社会经济逐渐恢复，各方面的发展促进了各个国家和地区对本国家和地区的人们健康的重视，大众健康逐渐走入公众视野。同时，教育领域关注学生健康也成为国际体育教育的发展潮流。

1948年，公众健康问题在世界范围内广受重视，世界卫生组织提出现代健康新理念。为适应世界发展趋势，我国也开始关注社会大众健康教育、学校体育教育，并提出"健康第一"的教育教学指导思想。

随着国际大众健康交流日益增多，各国和地区都非常重视本国和地区的大众健康发展，整个社会对体育的功能、价值等方面形成了全新的认识。在教育领域，重视学生的健康发展成为各个国家和地区重视本国体育事业和教育事业发展的一个重要举措。体育健康教育对增强青少年体质健康水平，以及通过青少年群体影响周围群众健康、实现青少年成为社会体育人才，从而间接增进社会大众健康具有重要且深远的影响。

在全世界都强调素质教育的大背景下，2005年，中共中央国务院公布《关于深化教育改革全面推进素质教育的决定》，"健康第一"的教学理念成为我国体育教育重要的指导理念。

2. 社会发展对人才健康发展的客观要求

在现代科学技术广泛应用的背景下，人类的体力劳动变得越来越少了，长时间伏案工作所造成的"运动不足""肌肉饥饿"严重影响了人们的身体健康。基于社会压力所产生的各种心理疾病严重影响了人们的心理健康，社会功利化发展，过多地利益争夺对人们的社会性发展产生了不良影响。

伴随着时代的发展，疾病死亡原因发生了本质的变化，生活方式发生急剧转变成为疾病死亡高发的重要诱因。健康问题成为一个社会发展问题，人们充分认识到健康的重要性。在教育领域，学生的健康问题引起了广泛的关注。

进入21世纪后，"全民健身"和"青少年体质健康"问题大范围地走进我国国民的生活视野，全民健身运动轰轰烈烈地开展起来，这对于人民群众身心健康发展具有重要的意义。在当今社会背景下，健康问题始终是一个重要的社会问题。现代社会激烈的竞争要求现代人才不仅要有正确的政治思想，具备扎实的科学知识和能力，还必须拥有强健的体魄。身体健康是个体生活、学习、工作的基础，如果没有一个健康的身体，那么个体很难在激烈的社会竞争中占据一席之地。因此，促进身体健康与完善成为时代的必然和强烈的个人需要。

（三）"健康第一"教学理念在体育教学中的应用

1. 明确体育教学的目的与任务

（1）各项体育教学活动的开展应建立在多维健康观的基础上。

（2）围绕学生健康发展安排体育教学活动，重视学生的身体、心理、智力、社会适应能力等多方面的发展。

（3）通过体育教育教学培养健康、全面发展的社会建设者和接班人。

2. 落实体育健康教育标准

（1）结合具体的教学实际进一步优化体育教学内容，完善学生的体育知识结构体系。

（2）各个地方的学校要结合自身的具体实际，制定一个合理、切实可行的学生健康标准。

（3）提倡学生的个性化发展，学生可以依据自己的喜好自由选择各种体育课程，这样学生才有学习的动力，从而保证体育学习的效果。

3. 培养学生的健康意识和行为

（1）选用适合学生健康发展的体育教材。

（2）科学安排体育教学与训练，避免和减少学生受伤。

（3）加强对学生的体育课外活动指导。

（4）开展丰富多彩的校园体育健身活动。

（5）加强体育健康相关的营养学、心理学、保健学、环保学、身心健康等方面的知识教育。

4. 掌握健康知识与技能

（1）加强卫生、健康、保健教育。

（2）紧密结合学生的生长发育与生活实际开展体育教育教学。

（3）关注和指导学生对必要的体育健康知识、技能、方法的掌握。

（4）帮助学生养成日常参与体育锻炼的习惯。

三、"终身体育"教学理念

"终身体育"是一个非常重要的教学理念，在当今的体育教学中得到了很好的贯彻与应用。

（一）"终身体育"教学理念的内涵

"终身体育"教学理念的内涵重点体现在两个方面：一方面，终身教育贯彻人的一生，在人的一生中，学生都要养成终身参加体育锻炼的意识与习惯，这样才能保证良好的身体素质，促进自身的健康发展。另一方面，终身体育具有一定的科学性特点，学生要运用科学的手段与方法，在正确的价值观念下参加体育运动锻炼，实现体育锻炼的目标。

"终身体育"的内涵可以说主要体现在以下四个方面：

（1）在时间上，终身体育要贯穿于人的一生，在任何时候都不能中断。

（2）在内容上，可供人们参加的体育锻炼项目非常之多，能满足人们的各种体育需求。

（3）在人员上，全体人民群众都是终身体育锻炼的主体。

（4）在教育上，终身体育的目的是增强全民体质。

"终身体育"教学思想的确立非常重要，这一教学理念值得提倡与推广。要想在体育教学中很好地贯彻与落实终身体育这一教学理念，就要充分发挥体育教师的作用。调查发现，在于体育运动的参与方面，有很多学生会受到教师，特别是教师业务水平的影响，因此，体育教师要在学生参与体育教学活动或进行体育锻炼时给予必要的指导。

在具体的体育教学中，教师应关注学生终身体育意识和能力的培养，不能只关注和过于重视技术、技能教学，要促进学生全面发展和提高。除了基本的体育课堂教学外，体育教师可以组织学生开展各种体育活动、体育游戏，为学生的体育锻炼提供必要的指导。

（二）"终身体育"教学理念的提出

"全民健康"已经上升为国家战略高度，人们的健康发展受到广泛的关注。而体育作为一种健康的生活方式和手段，能有效促进人们的身心健康。青少年学生作为国家和民族的未来，更应该重视参加体育锻炼，使自己终身受益。在体育教学中，"终身体育"教学理念得到了很好的贯彻与应用，这是我国新时期体育教学改革的必然要求，也是我国社会主义现代化建设的要求。

"终身体育"是当前我国各级各类学校的重要教学理念，对于体育教学发展以及社会的发展都具有重要的意义。

（三）"终身体育"教学理念的应用

1. 培养学生终身体育的意识和习惯

（1）采取各种手段与措施激发学生参与体育活动的兴趣，养成长期参与体育锻炼的意识。

（2）培养学生基本的体育锻炼和卫生保健常识，并提升学生的体育运动技能。

（3）培养学生体育参与习惯，教师应引导学生将体育锻炼的习惯延伸到校园生活以外。

（4）提高学生的体育文化素养，促进学生的终身体育能力的提高。

2. 丰富体育教学的内容

（1）优化与整合体育教学内容，提高学生学习的兴趣。

（2）开展多种形式的体育文化活动，丰富体育教学内容。

（3）讲授体育规则和裁判知识，引导学生关注体育热点。

（4）体育课内教学与课外教学相结合，鼓励学生积极参与各种课外体育活动。

3. 重视学生个人和社会体育需求的结合

（1）进一步明确学生需要与社会需要之间的关系和地位。

（2）在学生需要与社会需要之间产生矛盾时，要合理、有效地进行处理。

（3）丰富学生的知识结构，提高学生的运动技能，促进学生的个性化发展。

4. 提高教师的综合素质水平

（1）转变教师的教学思想，使教师树立终身体育教学的思想，并贯彻落实到体育教学实践中去。

（2）提高教师的课程设计能力，科学开展具体育教学活动，更好地为学生的终身体育学习和锻炼服务。

（3）提高教师的执教能力，构建和谐的师生教学关系，提高学生学习的效率，促进体育教学质量的提高。

第四节　互联网背景下体育教学的发展方向

一、建立学校体育管理系统

社会的发展和进步使学校体育的功能得到很大拓展，学校体育功能的拓展与社会服务需求的增长给体育管理部门带来了管理的压力。如何有效地提高体育管理的信息化水平是学校体育管理部门面临的重要课题。通过有效的管理信息系统的设计与开发能有效地解决这一现实问题。

（一）体育信息管理的定义

随着信息社会的到来，信息已成为一种至关重要的资源。信息是对客观事物状态和特征的反映，具有媒介、放大、预测和调控四个基本作用。但要在浩瀚的信息海洋中获取准确、有效的信息并非一件容易的事。信息管理就是信息社会实践活动过程的管理，是运用计划、组织、指挥、协调、控制等基本职能，对信息进行搜集、检索、研究、报道等，并有效地运用人力、物力、财力等基本要素，以期达到总体目标的社会活动。针对信息的管理，出现了管理信息系统。管理信息系统（MIS）就是用系统思想建立起来的、以计算机为基础的、为管理决策服务的信息系统。向系统内输入的是与体育部门或部门经营管理有关的基础数据，这些数据经过计算机系统的加工处理，从系统中输出的是供体育部门或部门各级管理人员和管理机构使用的积极信息。

管理信息系统表明了一种顺序、安排和目的。管理信息系统特别强调提供给管理层的是信息，而不是单纯的数据。数据是未经加工的、未经分析的事实，如一堆数值、姓名或产量值等。管理信息系统的使用为信息的有效获取提供了很好的技术支撑，提高了机构管理水平和机构运行效率，因而迅速地渗入包括体育赛事系统在内的各行各业，得到越来越广泛的应用。体育赛事实际上是多群体协作的系统工程，工作量巨大，对于比赛现场的准确性和实时性要求也越来越高，而且需要尽量减少人为因素的干扰，为参赛的教练员和运动员及时、准确地提供赛场信息，辅助进行战略和战术上的决策，减少赛场作弊行为的发生。

随着体育赛事的逐步兴起，管理信息系统在现代大规模体育赛事（如亚运会、奥运会等）中得到运用。大型体育赛事需要处理的信息量大，对信息技术水平和工作人员管理水平的要求很高。

从本质上说，体育信息管理也就是通过体育信息协调赛事系统内部资源、外部环境与预定目标的关系，从而实现系统的功能。因此，体育信息管理的水平、效果与管理过程中流动着的体育信息的质、量及利用水平都有密切的关系。所以，有效的体育信息管理尤其是体育信息资源的充分开发十分重要。体育管理信息系统（SMIS）是体育组织与管理的管理信息系统，是利用计算机技术和通信技术对体育信息进行管理的人机相结合的综合控制系统。SMIS主要用于体育赛事各级领导和管理人员对体育赛事组织活动、重大管理事件以及日常事务活动的辅助管理与决策。该系统是计算机技术、通信技术、信息技术和赛事组织管理技术相结合的产物。合理地运用体育信息管理系统，可以提高体育信息管理的效率，减少人为因素的干扰，提高赛场决策的准确性，加快赛场信息的传播。

（二）学校体育管理信息化的目标要求

随着学校体育教学改革的深入发展，教学内容与教学手段日益多样化，需要处理的有关学生的各种信息量越来越大。传统的手工管理方式已不能适应现代化管理的要求，因此教育服务功能的发挥受到限制。

学校体育管理信息化的要求：在教学规模扩大和体育教学资源相对紧张的情况下，通过科学的管理，提高教学质量；拓展学校竞技体育与体育科学研究功能；与学校体育工作相关的各业务部门进行沟通，将体育管理工作纳入学校的整个网络化管理体系；更好地利用体育的功能为全校师生、员工以及社会服务。基于网络的现代信息管理技术为达到这些目标提供了技术保障。学校体育管理信息系统的开发有助于对学校体育各个业务流程进行科学管理，有利于完成学校体育教学的各项目标。学校体育管理信息系统的建设正是在这种背景下提出的。学校体育管理信息系统的建设是体育管理工作信息化建设的重要组成部分之一，为体育的信息化管理提供了先进的计算机管理手段，是全面实现体育信息化管理的基础。

（三）体育管理信息系统的设计与功能

1. 体育管理信息系统设计原则与可行性

为了保证设计目标的实现，结合用户需求，学校体育管理信息系统的设计遵循实用性原则、信息集成原则、开放性原则、面向对象设计原则、可伸缩原则、高可靠性原则、易操作性原则以及安全性原则。

我国的学校在发展的过程中不断壮大，办学经验也随着时间的增长而不断丰富，从而形成了较为健全的管理方式。信息管理系统可以使学校的管理朝着规范、便捷的方向发展。学校有大量的人才以及人才信息，在管理信息的时候，相关的管理人员需要掌握一定的计算机能力。学校的数据不断增加，校园网能够实现数据的共享，为信息管理带来很大的便利。学校管理信息系统能够提升管理水平，帮助学校更好地发展。

2. 体育管理信息系统的功能

（1）决策支持子系统。系统提供一个跨平台的通用数据访问接口，其功能主要是采集数据，统计、汇总各种数据。向外，为用户提供发布信息的数据源，响应用户发出的各种查询请求并把查询结果返回给用户；向内，为决策者提供有用的数据，使决策者宏观掌握学校体育工作状况。

（2）体育教学管理子系统。体育教学管理子系统包括排课管理、体育成绩管理、教学评价管理、课程总结管理等功能模块。根据课程计划、教师资源、教学资源等信息，考虑某些特殊因素，排课系统能自动合理地编排课表，并能手工调整排课冲突；体育成绩管理系统能管理学生在校期间的、与体育成绩相关的各项数据，包括学生姓名、学号、学院、专业、学期、课程名称、总体育成绩、各单项成绩、任课教师等，并完成以上数据的录入、查询、更新以及各种表格的生成；教学评价管理系统能管理学生、同行和专家对体育教师的教学评价，即根据教学评价表，把客观评价换算成分数，并把主观评价记录下来；课程总结管理模块能完成体育教师对自己一个学期教学情况的总结。

（3）体质测试管理子系统。体质测试管理子系统具有预约学生体质测试时间与管理学生体质测试成绩两个方面的功能，完成体质测试数据的录入、统计、查询、更新及相关表格的生成。

二、设计运动人体科学网络课程

计算机技术和网络通信技术的发展，使接受教育的形式和内容变得更加灵活，基于计算机网络的远程教学已成为教育改革的趋势和方向，并且正在迅速发展起来。网络课程是通过网络表现的某门学科的教学内容及实施的教学活动的总和，可通过丰富的教学资源和教学形式，提高学生学习的主动性和灵活性，更强调学生作为学习主体的重要性，利于实现个性化的教与学。

例如，运动人体科学作为二级学科，涵盖体育科学中的人体（运动）生理学、人体（运动）解剖学、体育保健学等众多三级学科，是体育教育的重要基础课程。运动人体科学学科建设必须把提高全学科各门课程的教学质量放在十分重要的位置，建设该学科的网络课程是提高教学水平和适应教育发展的重要手段。

运动人体科学网络课程的设计必须能充分发挥网络教学的优势，具备自主性、开放性、共享性、交互性和协作性。即课程设计以学生自主学习为主，易于教师调整和更换课程的体系和内容，能通过网络功能引入丰富的动态学习资源，除了实现人机交互外还能实现教师与学生、学生与学生之间教与学的交互，必须满足在互联网上运行的基本条件，具备安全、稳定、下载快等特点。

运动人体科学涵盖的课程主要研究人体形态结构、功能、运动对形态功能的影响及其变化规律等，其中一个重要的课程特点就是它的科学性。所以，在设计该学科的网络课程时，除需要满足上述要求外，还应强调课程设计的科学性。在组织教学内容、选择表现形式（如图片选择和动画设计等）时，教师必须以客观事实为基础，不能似是而非或凭空想象，以免误导学生。同时，因为运动人体科学课程内容复杂，涉及知识面广，需要生物学、数学、化学、物理学等多方面的理论基础，所以设计课程时应尽量避免生涩、刻板的文字堆砌，应努力提高教学内容的可读性和趣味性，在增加教学资源的同时，为学生的自主学习营造一个轻松、愉快的环境。

第四章 互联网背景下高中体育教学内容与资源创新

第一节 高中体育教学内容及其选择

高中体育教学内容的选择关键在于厘清体育教学内容的性质、特点和分类等。

一、高中体育教学内容的性质

体育教学内容是体育教学核心价值观的体现和载体，同时也是实现体育教学目标的基本途径，是教师和学生发生各种教学关系的纽带，也是学生接受体育教学必不可少的组成部分。体育教学内容是根据体育教学目标和实施要求，结合学生发展的需要和客观实际条件，以身体运动为基本形式，使学生在身体、心理、情感、道德和社会适应等方面都获得全面健康发展，并形成运动技能的各种有关体育和健康、健身和生活的基本知识、原理、方法等内容的总称。

体育教学内容必须具备的条件包括：①它以身体运动知识、原理、方法以及运动技术的掌握和运动技能的形成为主要内容；②它以身体的各肌肉群活动为媒介和方式进行教育和学习，并在此过程中机体要承受一定的生理负荷和心理负荷；③它以增强体质、调节心理、形成一定的运动技能和习惯为目标，以促进人的全面健康发展为最终目的；④它必须符合体育教学目的和目标的要求，并适合学生的身体条件、运动能力、生活需求以及具体的实施环境等。

虽然体育教学内容是以运动知识、技术的传承和运动技能的形成为核心和目标的，但它与竞技运动相比有较大的差异：①体育教学内容以促进人的发展为目的，并通过体育教学的实施使人获得并保持健康状态；竞技运动则是以开发人的最大运动潜能、争取优异运动成绩为目的，并且在这个过程中还可能会对人体产生一定的损伤。②体育教学内容对人体健康的促进和维持作用是长期的，具有实用性和终身性；很多竞技运动项目由于自身特点的制约因素很难在人们的日常生活中广泛开展，致使其运动效果和技术水平难以实现和恒定保持。③体育教学内容的选择必须依据体育教学目的、目标和参与者的实际情况等因素，并以此对运动技术及其评价标准等进行一定的组织和加工；竞技运动不能因为参与者的条件、参与目的及环境条件的不同而改变其本身的技术结构、要求以及评判方法和标准等。

二、高中体育教学内容的分类

"对任何事物的分类无非都是为了通过对该事物进行整理和归类，从而加深对该事物的认识。对体育教学内容的分类也是如此，是为了对体育教学内容进行梳理，使其体系更加清晰，与体育教学目标的对应更加紧密，并能根据教学过程进行合理的排列"。①在中国体育教学理论和实践的研究中，国内体育理论专家、学者对体育教学内容的分类做了有益的探索。

（一）按照运动项目分类

按照运动项目分类是一种最常见的分类方法，它是按照各种运动项目的名称和内容进行内容分类的，如田径、球类、体操、武术、游泳等。采用这种划分方法有利于受教育者对各种运动项目的了解和学习，使他们能形成比较明确的个人喜好和运动兴趣指向，便于对某一项目的深入学习，从而提高个人专项运动能力，但弊端也比较明显。

首先，在体育教学过程中会排挤或忽视对一些非正式比赛项目、新兴运动项目及民间运动项目的教授，容易使学生的体育学习与社会生活需要相脱离。

其次，对运动场地、器材、规则和学生的技术、技能水平有较高要求的运动项目进行改造和重组，将会影响学生对这些运动项目原本的技术结构、运动方法、规则、功能和价值等的理解和掌握。

最后，容易导致学生对体育教学内容缺乏全面性和完整性的认识，对某

---

① 毛振明．体育教学内容的分类方法[J]．体育学刊，2002（06）：8．

些项目的学习易产生厌烦或抵触情绪。

（二）按照人体基本活动能力分类

按照人体基本活动能力分类，是指将体育教学内容按照人体基本活动能力，如走、跑、跳、投、攀、爬、负重、平衡等动作技能进行划分。这种划分方法着重于形成和发展学生的各种正确基本活动能力，比较适合低年级的体育教学需要。但对于高年级的受教育者来说，则不能较好地满足他们对体育学习和运动锻炼的需求，从而影响对他们的运动兴趣和习惯的培养。

（三）按照身体素质分类

按照身体素质分类，对体育教学实践内容的划分就是按照力量、速度、耐力、灵敏、柔韧等身体素质进行的。这种划分方法保障了对学生进行各项身体素质的培养，有利于学生明确各种运动项目的功能以及它们与身体发展之间的关系。但是，这种分类方法不但不能使学生对运动项目自身的特性有更深入和全面的认识，而且容易造成对身体素质发展的片面追求。

（四）按照学习领域分类

将体育教学内容按照运动参与、运动技能、身体健康、心理健康、社会适应五大学习领域进行分类，这也是在当今国际上逐渐趋于主流的体育教学内容划分方法。

（五）按照效果和价值表现形式分类

按照效果和价值表现形式分类方法有一定的综合性，每一种类型都包括广泛的具体内容。它根据体育教学内容对学生产生作用和效应的表现形式以及影响的持久性和程度，将体育教学内容主要分为显性和隐性两种。其中，显性体育教学内容是学生在学习后通过实际的运动行为可以直接表现和被他人感知、评价的，一般都能促进教育对象的积极发展，改变其不良行为，具有直观性、快捷性等特点。隐性教育内容主要指在体育教学的实施过程中，体育教学的各种组成要素对学生内在心理因素所产生的影响，包括动机、态度、兴趣、习惯和价值观等。它对学生行为的影响速度相对显性教育内容比较慢，但影响范围和深度较大，形式更加隐蔽和多样，其影响效应可以直接指向学生的意识形态等核心心理因素。它以潜移默化的形式对学生的行为产生积极或消极的影响，具有长期性、不确定性和间接性等特征。

三、高中体育教学内容的选择

"体育教学的技能与知识素材庞大复杂。因此，必须筛选那些适合体育教学目标的身体练习和理论知识作为体育教学内容"。[①]选择体育教学内容就是根据为实现体育教学目的而要求学生掌握的知识、技能来确定体育教学内容的纲要。以往，在普通学校的体育教学中，选择体育教学内容的工作不普遍，主要是因为教育行政部门已在体育教学大纲中严格规定了。但是，随着课程的改革，体育与健康课程标准出台，这项工作就非常重要了。体育与健康课程标准有别于体育教学大纲，体育教学大纲对体育教学内容已有明确规定，只要照章行事即可，而体育与健康课程标准则明确了各水平的体育教学目标，即确定了学习需要，至于用什么样的体育教学内容来满足学生的学习需要，以便填补这段距离，则给了体育教师更大的自由度，由体育教师来选择体育教学内容。另外，许多学科的体育教学内容因地因时发展、变化很快，经常需要有关部门和体育教师考虑，用哪些内容对学生进行体育教学。体育教学内容的选择，应注意五点：①有科学性、教育性。②符合学生的身心特征。③实用，并有一定的趣味性。④理论与实践相结合。⑤统一性与灵活性相结合。

第二节　高中体育教学资源的开发利用

课程资源是实现课程目标的基本条件。体育课程资源是指满足体育课程活动需要的一切素材，包括构成课程目标、内容的来源和保障课程活动进行的体育场地器材。科学、合理、创造性地开发课程资源，有利于充实和更新体育与健康课程内容，体现时代性、选择性和民族性特征，满足学生身体发展需要，提高课程的适应性和实效性。

课程资源的开发和利用要以满足学生运动兴趣和体育需要、体育基础和差异为前提，有针对性地运用开发现有运动项目资源、民族民间体育资源、课外体育资源、校外体育资源、体育信息资源和自然地理资源等，这是实现课程资源多样化的有效途径。

---

① 王保成. 学校体育教学内容的层次与选择 [J]. 首都体育学院学报，2004（03）：22.

一、高中体育课程资源分类

体育课程资源是指供给体育课程活动，满足体育课程活动需要的一切素材，包括构成课程目标、内容的来源和保障课程活动进行的体育场地器材。体育课程资源不是指向课程活动本身，而是指向构成体育课程活动所需要的一切素材和条件。对于体育课程资源，从不同的角度出发，其分类各有不同。

（一）按照功能特点划分

按照功能特点，体育课程资源可以划分为素材性资源和条件性资源。素材性资源主要是指作用于体育课程，并能够形成体育课程的素材或来源，如学生的健康知识、运动技能、学习经验、健身方式和方法、对体育的情感、态度和价值观以及培养的目标等因素。条件性资源是指作用于体育课程，却并不形成体育课程本身的直接来源，但它在很大程度上决定着课程的实施范围和水平，如直接决定体育课程实施范围和水平的人力、物力、财力、时间、体育健身场地、设备、设施、媒介和环境等。其实，体育课程素材和条件两者之间并没有绝对的界限，如图书资料、健身俱乐部、互联网、体育教师等资源。

我国幅员辽阔、地域宽广，民族体育文化源远流长，蕴藏着丰富的体育课程资源。但是，由于受竞技体育教育的影响，人们对条件性资源要求较高，依赖性较强，而对素材性资源重视不够。再加上地区经济发展的不平衡，使得各地条件性资源差异较大，体育课程资源未被人们广泛重视，仅停留在利用层面上，其开发力度不够。

（二）按照空间分布划分

按照体育空间分布的不同，课程资源可以分为校内课程资源和校外课程资源。校内课程资源是指学校范围内的课程资源，占据主要地位；校外课程资源是非常重要的辅助课程资源，包括家庭和社会方面的课程资源。

以往对于课程资源只重视校内课程资源，忽视了校外课程资源的开发与利用。新课程在加强校内课程资源开发的同时，对校外课程资源也十分重视，特别对高中学生来说，他们逐渐关注和参与社会活动，因此，要特别重视对校外课程资源的开发与利用。但是，这并不意味着在整个基础教育范围内从根本上改变以校内为主、以校外为辅的课程资源开发与利用的基本策略，关键是建立校内外课程资源的联系和共享。现代信息技术的广泛运用打破了校内课程资源与校外课程资源的划分界限,使素材性课程资源的广泛交流和共享成为可能,两大资源的联系越来越密切。

(三) 按照资源形态划分

根据存在的资源形态,体育课程可分为物质形态的课程资源和精神形态的课程资源。前者包括图书资料、网络、广播电视、现代体育教学设备等;后者包括社会生活方式、体育价值规范、行为准则、人际关系、校风等。

综上所述,根据新的体育与健康课程理念,体育课程资源可细分为人力资源、体育课程内容资源、体育设施资源、自然地理资源和体育信息资源等。

(1) 人力资源包括体育教师、学生、班主任、有特长的体育教师、社会体育指导、家长等。

(2) 体育设施资源包括国家制定的各级学校体育器材设施配备目录,以及制作简易的体育器材、改造场地和器材。

(3) 体育课程内容资源包括竞技项目的教材化,新兴体育项目的引进,民族传统体育项目的开发。

(4) 课外与校外体育资源课外资源包括早操、课间操、课外活动,校外资源包括家庭、社区、俱乐部等体育活动和竞赛。

(5) 自然地理资源包括空气、阳光、水、季节、气候、地理条件(如江、河、湖、海、森林、雪原、山地、海滩等)。

(6) 体育信息资源包括广播、电视、互联网、体育书刊等。

二、高中体育课程资源的开发要点

高中体育课程资源开发的途径是多种多样的,新的课程理念为广大体育教师探索体育与健康课程资源的开发途径提供了宽广思路。要使课程适应学生,就必须开发与利用适应学生发展的课程资源。其中,体育教师最贴近学生,最了解学生的知识、技能和经验,最了解学生的兴趣和需要。因此,在课程资源开发方面,教师具有极大的智慧潜能,是课程资源的主要开发者。体育与健康课程为学生提供的模块学习选择,对课程资源的选择性和针对性提出了更高的要求。

在为学生提供适当的课程内容前,要对学生的运动兴趣和体育活动类型进行调查和研究,以便为学校挖掘学生需要的模块学习提供课程资源。一般来说,每学期开学前,学校要设计一份学生学习兴趣类型、技能掌握程度、学习需要等方面的调查表，对每个学生进行调查；在认真研究、分析和归纳的基础上，结合学校现有的课程资源或待开发的课程资源，为学生提供相应的学习模块，供学生选择。有条件的学校可以利用互联网资源，对学生的运动兴趣进行调查和分析，为体育课程的模块设计提供依据。

（一）了解学生的体育基础和差异

学生的学习兴趣、特长、基础、技能水平、体能水平、学习经验、情感态度和价值观等，是学校和体育教师必须考虑的，了解学生的这些基础和差异的途径也是多种多样的。体育教师可以通过书面调查、观察、访谈、测试、交流等多种形式和途径，全面了解学生。哪些知识是学生必须学习的，哪些知识是学生最关注的，学生最需要提供的帮助是什么，这些不仅为教师提供了教学策略，也对课程资源的开发有指向作用。

（二）为学生提供体育学习的信息资源

通过调查研究、了解分析、归纳总结，学校为学生提供适宜的课程模块项目。体育与健康课程提供的六个模块系列和一个健康知识专题系列以及课程标准的学习水平要求，从总体上为学生提供了信息资源。为了帮助学生规划自己的学习，指导学生的规划，体育教师必须为学生提供各模块学习的课程资源信息，如可开设的模块规模、教师资源、场地器材资源、学习要求、评价方法等方面的信息。通过学生的分析和规划，使课程资源进一步优化，避免学生选择的盲目和课程资源的紧缺或浪费。

（三）为学生提供参考性的技能清单

为学生提供参考性的技能清单，有利于不同技能层次的学生有针对性地学习，也有利于开发相应的课程资源。如在篮球技能学习中，每个学生的技能水平几乎都不一样，但他们对于运动技能的学习水平目标是一致的。这样，教师可为不同专长和个性的学生，提供针对性的技能清单。对于运球能力强的学生，重点发展其组织能力；对于投篮欲望强的学生，提高其投篮的命中率；对于技能较弱的学生，培养其运动的自信心；对于技能较强的学生，培养其合作意识，使每个学生通过技能学习都有所进步，也都有所提高。这种参考性的技能清单对素材性资源的开发有较高的要求，也是目前体育课程资源开发的重点。

（四）开发体育活动资源

体育与健康课程不仅要利用课堂教学资源，同时要开发课外资源。每周两节体育课远远满足不了学生对体育锻炼的热情，教师与学生一起共同开发课外体育资源，有助于学生改变学习方式，积极、主动地参与体育锻炼。校内的课外体育活动、小型竞赛、健身小组、健身俱乐部，校外的家庭体育、社区体育、校间体育交流等也是重要的课程资源。教师不仅是课堂资源的利用者，还是学生课外体育活动资源的合作开发者。

（五）总结和反思教学活动

对于每位体育教师来说，体育教学的新知识、新技能、新方法、新策略可以通过多种途径获得，如新课程培训、新教材、新手段、教学观摩和交流、理论学习、自我总结和反思等。体育教师在接受新的课程理念的同时，要更新教学观念，反思自己的知识结构与现代体育教学的差异，反思自己在教学过程中的优势和不足，通过总结和反思，规划自己的学习和发展，适应新课程的需要。

体育教师应该善于总结，获取总结的资源也是多样的，如课后小结、单元教学小结、模块教学小结、个人教学心得记录、教学小组评议、同事的指导和建议、公开课的专家反馈、集体讨论甚至争议。这些信息既是教学经验，更是个人宝贵的教学资源。同时，教师要通过总结，在反思的基础上，加强教学研究，并将研究的成果与他人分享。

三、高中体育课程资源的筛选与利用

从体育与健康课程的发展趋势看，对于一切有利于高中学生积极主动学习，促进学生身心健康发展，增强社会适应能力，有利于终身体育锻炼的体育资源都要加以开发与利用。但是，哪些体育课程资源是学生学习和经常锻炼最必需的，哪些资源对体育与健康课程的实施最具有开发价值，还必须通过筛选机制的过滤才能确定。各校应根据自己的体育特色以及学生的体育兴趣、模块选择、学习能力等因素，在全面评估人力、财力、场地、器材设施等资源的基础上，筛选出将要开设的学习模块及规模，并利用和开发体育与健康课程资源。

（一）高中体育课程资源的筛选

课程标准设置的六个学习模块系列和一个健康知识专题系列，为体育课程资源的利用和开发提供了筛选依据。各校可以根据自己的特色，筛选出相应的课程资源，创造性地开发与利用课程资源。在多民族地区，学校可以在突出传统民族体育的基础上，筛选出适合本校学生学习的模块项目，围绕这些模块内容，进一步开发相应的课程资源。为了使课程资源的筛选机制更好地发挥作用，必须遵循以下原则：

1. 优先性原则

根据学校特色，优先使用高中学生必修内容学习的体育课程资源，或保证学校体育特色的课程资源。在学校体育活动中，学生需要学习的东西很多，远非学校体育课程所能包揽，因而，必须在可能的体育课程资源范围内，在充分考虑体育课程成本及与终身体育锻炼相关需要的前提下，突出重点并使之得到优先运用。

2. 适应性原则

体育课程的设计和体育课程资源的开发与利用，不仅要考虑典型和普通学生的共性情况，更要考虑个别学生的特殊情况。个性化的课程必须有个性化的课程资源支撑。对于在体育与健康课程学习中，有特殊需要的学生，如体质较弱者，或者对体育学习有探究欲望的，或者有运动专长的学生，应该为其提供更多、更具适应性的课程资源。只有这样，体育课程资源才能得到更加充分、合理的开发与利用。

3. 经济性原则

就我国学校体育发展总体而言，在相当长的时间内，体育课程资源开发与体育经费供给不足是客观存在的矛盾。这就要求教师在体育课程资源开发的过程中，要因地制宜、因陋就简，根据学校的实际情况尽可能用最少的支出，筛选既经济实用、学生又感兴趣的项目，同时又要能达到理想的教学效果，这是体育课程开发的当务之急。具体来说，经济性原则包括开支的经济性、时间的经济性、空间的经济性和学习的经济性。开支的经济性是指用最节省的经费开支取得最佳效果，尽可能筛选那些不需要多少经费开支的课程资源。时间的经济性是指应尽可能筛选那些对当前教学有现实意义的体育课程资源，而不能一味等更好的条件和时机。空间的经济性是指体育课程资源的筛选要尽可能就地取材，不应舍近求远、好高骛远。学习的经济性是指尽可能筛选能激发学生学习兴趣的体育课程资源。

（二）高中体育课程资源的利用

如何开发与利用好体育课程资源，是新课程实施的重要环节，是广大体育教师面临的实际问题。在以往的教学中，人们通常是被动地、有计划地利用现有的体育教学资源去完成教学任务，很少考虑对课程资源的开发，或者将课程资源开发归咎于课程设计者，而忽视了体育教师本身巨大的创造潜能。新课程对第一线体育教师在课程资源的开发与利用方面寄予了更大的希望。

1. 人力资源的利用

学生和体育教师是重要的人力资源，既是体育与健康课程的直接参与者，也是课程资源开发的生产源。对于体育教师来说，教育观念是最重要的课程资源，只有教育观念更新了，并全面、深入地贯彻新课程教学理念，才能主动地更新自己的知识结构，探索适应新课程的教学策略，创新教学手段，积极开发新的课程资源。在体育教学过程中，学生也是重要的课程资源。学生的体育兴趣、学习经验、运动技能、学习情感、学习态度、健康的价值观等，为体育教师创新教学提供了可贵的资源。例如，运动技能好的学生可以指导运动技能较差的学生，在合作学习中可以帮助同伴建立自信心，帮助他人解决学习中的疑难和困惑等。

除了体育教师，班主任、其他爱好体育的教师、卫生保健教师、心理保健教师也是不可缺少的人力资源。体育教师在日常工作中要经常与他们进行沟通，了解学生，及时调整自己的教学策略，对特殊的学生进行针对性的体育活动指导，如为体能较差的学生提供体能锻炼处方，关注心理压力大的学生等。

此外，学生的健康状况也离不开家长的关注，学生参与社区体育活动需要社会体育指导员的帮助。因此，这些校外人力资源的开发，有利于体育与健康课程的全面实施。教师要指导学生如何将学到的体育知识与健康知识应用于家庭，如何参与社区体育活动，如何与社区体育组织或俱乐部进行沟通等。

2. 体育设施资源的利用

体育场地器材是体育课程重要的条件资源，由于地区经济的差异性，一些学校体育场地器材的配备还不齐备。因此，各校在现有体育器材条件下，应充分发挥其作用，努力开发其潜在的功能。

（1）发挥体育器材的多种功能。体育器材一般都有多种功能，要改变体育器材为单一竞技运动服务的观念，转换开发视角和思维方式，使体育器材更好地被开发与利用。例如，乒乓球，可以进行乒乓球练习，可以利用它进行掷准和掷远练习，也可以将它作为游戏的道具；篮球可以进行篮球的比赛，可以用作掷准和投远练习，也可以作为躲避球练习的投掷球，还可以进行球操等途。只要教学目标明确，教学手段得当，体育器材的多种功能就会在体育教学实践中被逐步开发与利用。

（2）合理布局、使用和改造学校场地。新课程的模块学习对场地的布局有一定的要求。场地的布局应该纳入学校发展的整体规划中，同样也是课程资源开发的组成部分。体育场地布局应该从有利于教学的角度出发，考虑实际使用和安全因素，提高场地的使用效率。体育场地的设计应该具有多种用途，与周围的环境保持协调，并考虑模块学习的需要，以及高中学生学习的需要，如一个篮球场，中间纵向拉线，可以变成四个小排球场。

（3）自制体育器材。对于经济条件落后的学校，要根据本校的特色，充分发挥广大教师的创造性，自己制作简易的体育器材，开设适合本校的学习模块，发挥场地的最大效益。如山区学校可以利用周边资源，开设定向越野运动和自然地形跑；利用旧轮胎自己设计健身器材；利用现有的文化资源开设攀爬、摔跤、骑马、射箭、竹竿舞等民族体育项目。

3. 课程内容资源的利用

课程内容资源是课程实施的载体，丰富、新颖、时尚的课程内容可以激发学生的学习兴趣，贴近学生的生活。创造性地开发课程内容资源，是实施新课程的中心环节。

（1）现有运动项目的教材化。学校要大力开发现有的运动项目资源，通过对运动项目的改造，如采用简化规则、改造场地、降低难度等手段，开发新的课程内容，使课程适应高中学生学习的需要。学校要改变对学生实施竞技教学的传统观念，围绕课程目标，开发运动项目模块学习的课程资源，提高学生的学习兴趣和实践能力。

在开发运动项目学习模块资源时，各校要逐步形成有学校特色的传统项目，形成人人了解、人人参与的活动氛围，使学生养成良好的健身习惯。对不同技能层次的学生，可以降低篮球架，缩小篮球场，降低动作难度等。学校既开发了具有学校特色的课程资源，又使模块学习更好地促进课程目标的达成以及学生体育健身专长的形成。

（2）新兴运动项目的改造。随着科技的进步，经济的发展，高中学生对新兴的体育运动项目更加关注。例如，健美操、健美、攀岩、现代舞、跆拳道、轮滑等运动项目深受学生喜爱。学校在开发这些项目时，应注意把学生的时尚追求转变成积极向上、参与性强、安全、健身性强的课程内容，同时还应注意对新兴运动项目的改造。

首先，挖掘体育教师在新兴运动项目教学技能方面的资源，鼓励他们通过各种途径进行学习和提高。要将新兴运动项目教材化、大众化，通过降低难度、创新教学手段、简化学习内容、提高安全措施等教学策略，开发课程资源。

其次，新兴运动项目必须有学校的条件资源支撑。学校可以根据条件资源，有选择地逐步开发新兴运动项目资源，为更多的学生提供课程资源。

再次，新兴运动项目的开发，必须与社会资源相依托，从而更富有生命力和挑战性，有利于学生的终身体育健身。

最后，开发新兴运动项目时必须围绕课程目标开发教学内容和教学手段，使其为课程教学服务。

（3）民族民间体育资源的利用。我国是一个多民族国家，民族体育文化源远流长。各校可以根据本地区具体特点，开发具有地区特色的学习模块项目，如武术是中华民族优秀传统体育文化的瑰宝，长拳、太极拳、剑术、棍术等项目都具有很高的健身价值，对学生的健康和身体发展非常有益。学校要加强对于这一模块系列的开发，使学生终身受益。应该指出，要加强体育教师对武术教学能力的培养，通过社区培训、进修、自学等多种形式，开发武术课程资源。此外，各校还应该开发民间民族体育类项目，可以根据本地的特点，利用当地的社区、团体或民间艺人资源，进行课程资源开发，为学生提供独特的学习模块，并形成自己的校本教材和教学特色。

4. 课外体育资源的利用

课外锻炼小组或课外体育俱乐部是课外体育锻炼的基本单位，锻炼内容与学校的课程资源密切相关。学校应该充分利用校内体育资源，为学生提供多样化的锻炼机会。

（1）建立锻炼小组。学生的体育兴趣和价值观决定着他们的课外锻炼内容、活动形式和时间。有的学生喜欢竞争性较强的体育比赛，有的学生喜欢健美，有的学生喜欢健身娱乐，有的学生喜欢通过体育活动调节心理等。针对这些丰富多彩的素材性资源，在体育教学中，教师要引导学生组建多种体育锻炼小组，并给予学生积极的指导和帮助，如体育锻炼计划的设计、体育场地器材的供应、体育健身方法的指导等。通过锻炼小组的活动，让学生学会与同伴沟通和合作，制订体育锻炼计划，记录和评估锻炼效果，解决学生在体育活动过程中遇到的困难。

（2）校内体育比赛。学校组织各种校内体育比赛，可有利于丰富校园体育生活，也有利于开发校内体育比赛的多种课程资源。校内体育比赛一般有班级比赛、年级比赛和全校比赛等。

首先，体育教研组要对全校性的各种比赛进行统筹安排，合理配置资源，如体育场地器材的协调和保证、学生裁判的培训、比赛规则和规程的制定、裁判的安排、比赛裁判的技术指导、各种广告媒体的策划等。体育教师要加强对体育能力较强学生的培养，如有组织能力的、有裁判能力的、有沟通协调能力的、有宣传能力的、有现代信息技术能力的等。通过对这些人力资源进行开发，既为学生提供学习和锻炼的机会，又开发了新的课程资源。

其次，要加强对班级比赛和年级比赛的指导，合理配置体育场地器材，培养班级体育委员、年级体育骨干的体育活动组织能力，提高他们的积极性和能动性。

（3）建立体育俱乐部。当学生对某个运动项目的参与人数和热情发展到一定规模时，体育教师要抓住这一有利时机，鼓励学生建立体育俱乐部，并为学生提供足够的帮助和技术指导。体育教师要注意发现具有体育管理才能的学生，让他们在中学阶段有展示各种才华的能力和机会，如体育俱乐部的筹备工作（俱乐部的名称、宗旨、章程、目标、活动形式、内容、管理等）、会员制度和管理制度的制定、活动安排和俱乐部网站的创建等。同时，学校体育管理部门和体育教师要加强对体育俱乐部的监督和指导，并为他们尽可能地提供体育活动资源，使学生体育俱乐部成为体育课程的有机组成部分。

5. 校外体育资源的利用

校外体育资源包括校外体育运动资源和校外健康教育资源。校外体育运动资源主要是指家庭体育活动、社区体育活动和竞赛、区县镇的体育活动和竞赛、业余体校训练、体育俱乐部活动、节假日体育活动和竞赛等。不同地区、不同环境，其校外体育运动提供的活动资源也不同。体育教师要与这些资源拥有者进行沟通，为学生提供更多的资源信息，指导学生根据自己的兴趣爱好、运动能力、健康要求，合理安排时间，有选择地参与各种活动。节假日和双休日是学生参与校外体育运动的有利时机，体育教师要指导学生制订参与计划，记录活动过程和体验，并与同学交流和分享。

校外健康教育资源主要包括社区健康教育宣传栏、健康咨询活动、健康教育主题日、戒毒所、艾滋病治疗机构、地方病治疗机构等。这些资源可以与新课程的健康知识教育专题系列有机整合。学校可以组织学生参与具体的活动，也可以将学生参与这些活动的资料，如录像、图片、课题等，作为健康知识教育专题系列提供素材性课程资源。

6. 自然地理资源的利用

我国幅员辽阔、地域宽广，地形地貌千姿百态，季节气候气象万千，蕴藏着丰富的课程资源。学校应该根据不同的季节开展不同的活动，并将这些资源优化为教材，纳入教学计划中。例如，南方沿海地区可以开展游泳、沙滩排球，北方冬季可以开展溜冰和滑雪，山地地区可以开展登山、越野运动等。各校可以结合环境资源，加强环境教育和安全教育，开发与本地地理环境密切相关的课程资源，为教学活动提供丰富多样的教学内容和素材。有的活动时间较长的，如远足、野营、越野跑等，可以作为一个模块进行单元教学。

7. 体育信息资源的利用

体育信息资源非常丰富，学校在积累现有的信息资源时，要努力开发新的信息资源。学生可以利用图书馆、阅览室、广播、电视、录像、互联网等信息资源，不断获取新的知识和方法。

体育教师要利用学生的学习能力和学习经验，引导学生关注体育信息，指导学生获取信息的途径和方法，特别是获取电视和互联网体育信息资源。例如，建立学校体育网页，在互联网上提供学生研究性学习的案例或成果、学生最关心的体育事件、最新的健身方法和健康知识、体育比赛信息、本校学生的各项体能平均数、教学进度、学生与教师的互动平台等，提高学生获取体育与健康的互联网信息能力。

第三节　互联网背景下高中体育教学内容的革新

一、互联网背景下体育教学内容的改革

（一）体育教学内容改革的思路

1. 满足学生需求

指导思想在体育教学内容改革中至关重要，必须要首先确定下来，在此前提下，才能进一步定位教学目标及各目标的内涵，并保证定位的准确性。另外，学校体育教学的实际情况也是要充分考虑的重要因素，从主体学生的需要出发，针对性地选择相应的体育教学内容。

当前，学生作为体育教学的主体，在实际需求方面已经逐渐产生了变化。为了与之相适应，体育教学的内容也要随之发生相应的改变。例如，可以针对性地增加健美、舞蹈、韵律体操、轮滑等一些趣味性强的项目，如此一来，不仅能丰富和充实体育教学内容，还能将学生参与学习的积极性充分调动起来，使学生的需求得到满足。

2. 重视隐性体育教学内容

体育教学内容有显性和隐性两个方面。这里所说的隐性体育教学内容主要是指道德修养、体育精神、思想作风等无形的内容。对学生的纪律观念、集体观念、社会道德水平和意志品质进行积极有效的培养，不仅能够从细微处潜移默化地对学生产生影响，还能有效促进学生体育文化素养和体育道德水平的提高，对于学生更好地适应激烈竞争的社会是有所帮助的。

3. 增加健康教育的内容

体育教材在体育教学中是非常重要的存在，是不可或缺的，几乎涵盖了所有的体育教学内容。因此，教材一定要有丰富和充实的体育教学内容，尤其是在理论性方面的，健康教育就是值得纳入的一个重要方面。另外，学生的体育学习时间是有限的，如果增加了健康教育方面的教学内容，就要适当删减一些内容，那些难度大、重复多而单调枯燥、学生不感兴趣的项目就是

主要删减目标。总的来说，就是要按照学生身心发展的特点以及知识和能力的水平，对教学内容进行有针对性的安排，从而使教学内容的实用性和趣味性得到有效提高，将学生的学习兴趣有效激发出来。

（二）体育教学内容的改革方向

在对体育教学内容进行改革时，要做好相应的指导工作，而明确的改革方向起到的就是"灯塔"的指引作用，具体包括以下几个方面：

（1）平常的锻炼要与达标相统一，这是最主要的一个发展、改革方向。

（2）对体育教学内容与学生社会体育活动之间的关系进行进一步分析，并加以妥善解决。

（3）对于体育教学中"教不会""学不懂"等方面的问题，要进行针对解决。

（4）对因娱乐性和趣味性的欠缺而导致的学生对体育课失去兴趣的问题进行有效处理。

（5）积极、有效地处理并解决乡土体育教学内容挽救和开发不足的问题。

（6）积极、有效地处理体育教学内容的民族化问题。

（三）体育教学内容的改革措施

针对目前体育教学内容的发展状况以及存在的问题，充分结合其未来的发展趋势，可以从以下几个方面着手来加以改革，从而对体育教学内容的更加完善起到促进作用：

（1）在体育教学内容中纳入健康教育的相关内容。学校体育教学的开展，从根本上来说，就是为了增强学生体质，提升学生身心健康的水平，因此，健康教育是体育教学的重要内容，这是不可或缺的。当前，学校的体育教学内容所涉及的主要知识均以体育的相关理论知识和体育运动项目的技能知识等为主，健康教育的相关内容涉及非常少，应适当增加这部分内容，以提升学校、教师和学生对健康的重视和正确的健康观。

（2）以满足学生需求为目的加以调整。学生就是一个不断变化着的主体，其对体育教学的需求也是不断变化着的。因此，为满足学生不断变化着的需求，体育教学内容也要不断进行相应调整，从而能一直较好地满足学生需求。例如，可以增加健美、舞蹈、轮滑等一些有趣的体育运动项目，将那些竞技性过强而趣味性较差的项目逐渐替换掉，使体育教学与学生的生活实际更贴近。

（3）要对体育教学过程的监控与评价加以重视。对于体育教学内容，学生的喜爱程度是不同的，导致这一问题的根本原因是教学内容本身。同时，教学方法枯燥呆板、教学环境沉闷消极等也是导致这一问题的主要原因。所以，学校必须严格监控体育教学过程中的诸因素，客观评价各教学要素，使上述问题尽可能得到解决。

（4）体育教学内容在弹性上要有所加强。对以往规定过于死板的体育教学内容要加以逐步改变，不断扩大体育教学内容的弹性，促使选择和设计出的体育教学内容能够保证地方和学校体育教师在实操时具有更多的灵活性。

（5）做好体育教材的开发工作。学校在充分了解本地区在实际情况的基础上，与之相结合，在体育学科的具体特点以及体育项目等基础上进行校本教材与教学内容的开发，这些在体育课堂教学、体育大课间、课外锻炼等方面也大有用武之地，国家、地方与学校都应该大力提倡有效、合理利用各种教学资源。

二、互联网背景下体育教学内容的发展

（一）体育教学内容的发展现状

（1）从当前的形势来看，体育教学内容的数量正在逐渐减少，这也将其精简化特点体现了出来；同时，在难度上是呈现不断增加的趋势，体育运动的技术含量越来越高，这就要求需有专业训练的高素质体育教师来传授。

（2）体育教学内容中的娱乐因素逐渐减少，与此不同的是，学生在体育课中的实际练习和"炼"的因素则有一定程度的增加。

（3）当前，竞技体育的迅速发展大大抢占了传统体育的发展空间，同时，也降低了传统体育的受重视程度。

（4）体育教学内容所需要的运动器材愈发正规。由此可以看出，学校对体育课的安全性重视程度越来越高。

（二）体育教学内容的发展趋势

（1）将终身体育目标的要求作为考量的重要方面。在学生终身体育观念的建立和形成的过程中，学校体育在其中有着至关重要的作用。终身体育目标的达成取决于学生参加体育所需的技能、知识和态度。所以，教学内容应当更加注重健身性、运动文化传递性与娱乐性，在健身价值和终身运动性强

的运动项目中间做出选择。

（2）学生主体价值受重视程度提升。学生在体育教学中是处于重要的主体地位的，因此，教师选择和应用体育教学内容，要针对学生的特点和需求进行，这一因素是非常重要的。同时，体育教学内容的选择是需要经过一定的程序才能实现的，具有过程性。传统的体育教学大纲中往往更注重教师的教，而忽视学生学的重要性。随着体育教学改革的进行，越来越多的人开始重视学生对体育教学内容的价值取向，因此，在选择和应用体育教学内容的提升的过程中对学生主体价值的重视程度是一种必然。

（3）对体育运动的规律性特点更加注重。之前，各个体育项目中的逻辑关系是选择体育教学内容的主要依据，但事实是，体育教学内容的逻辑性几乎是不存在的，所以这种方法是不科学、不合理的。因此，在未来选择体育教学内容时，教师一定要寻找体育学科当中内在的一些规律，并对其加以重视。

（4）对学生发展的全面性提高的重视程度。新的教学改革大纲出台之后，学校教育对素质教育的重视程度越来越高，这在一定程度上使得学校逐渐将学生素质的全面发展作为未来发展的重要方面。这也就决定了在选择与确定体育教学内容时，一定要保证这些教学内容与素质教育的要求相符，使学生在身心的发展方面具有全面性特点。

（5）将民族特色项目逐渐纳入教学内容中。当前，在学校体育教学内容中，绝大部分是具有现代意义的运动项目，这些运动项目通常具有显著的趣味性和新奇性特点。但是，具有民族特色的传统体育运动是我国体育运动的重要内容之一，也是我国特有的体育项目，有着显著的民族性、文化性等特点，对于激发学生爱国精神是非常有帮助的。这就要求要将更多适宜的民族特色项目纳入体育教学内容中，进一步充实和丰富体育教学内容。

第五章 互联网背景下高中体育教学方法创新及应用

第一节 高中体育教学方法及其选择优化

一、高中体育的传统教法

（一）语言教学法

语言教学法是指教师通过语言方式描述体育知识、文化、动作要领、技术构成、教学安排等一系列活动要点的方法。学生通过对教师的语言的理解能逐步掌握知识的要点。

1. 讲解教学法

讲解教学法是指教师通过讲解来展开教学活动内容。讲解法一般用于体育理论的教学。在讲解时教学体育教师需要注意学生的认知能力和知识水平。如果教师讲解的深度和难度超出了学生认知能力的范围，让大部分学生感到难以理解，则说明教师阐释的方式或者选用的教学内容不适合学生。讲解法的使用要注意以下要点：

（1）明确讲解的内容和目标，讲解的过程要突出讲解内容重点和难点。讲解要有较强的目的性和针对性，也就是说在讲解之前就已经预设好讲解将要达成什么样的目标，以便于在讲解过程中对课堂的整体方向有所把握。要避免信马由缰、脱离主题地讲解，这样会使学生无法理解教师的用意，浪费了课堂的宝贵时间，导致课堂效率过低。

（2）保证讲解内容的准确性。教师要有科学、严谨的教学态度，高度重视讲解内容，尤其是对体育历史文化、专业术语的解释以及技能方法的描述要准确到位。

（3）注意讲解的形式要简单明了、生动有趣。任何烦冗拖沓、枯燥乏味的内容都容易让学生产生厌倦的感受，因此，教师要善于利用图片、视频与语言讲解相配合，同时采用多样化的表达方式，将知识点描绘得更加形象自然，并加以肢体动作以促进学生对语言描述的理解。

（4）讲解要由表及里、易懂易学。对于同样的知识点，不同的教师进行教学的效果往往会产生一定的差异产生这种差异性最主要的原因之一就在于教师对于引导学生进行理解的方式。优秀的、有经验的教师往往更善于通过对比、类比、递推、递进式提问等形式来启发学生的想象思维和主动思考，促进学生对于知识的敏感性，使学生能够发现知识之间的内部联系，并形成自我的认知能力和属于自己的知识体系，并且能够灵活地完成对知识要点的迁移。

（5）注重讲解的知识在逻辑上的先后顺序以及它们之间的内在关联性，以便于学生能够更快地完成对知识的掌握并形成较为稳定的知识体系。

2. 口头评价法

作为体育教学中的教学方法之一，口头评价是最为快速和直接的一种评价和提醒，它不拘泥于某个具体的时间点和地点，既可以在课堂中进行也可以是在一节课结束之后，体育教师对学生的学习和练习以及获得的学习效果进行简要的、概括性的点评。口头评价可以按照评价的性质分为积极评价和消极评价两种。其中，积极评价是带有肯定、表扬和鼓励的性质的评价。消极评价是由于学生的表现不够理想，具有一定的批评和鞭策作用的评价。由于该评价是以批评的性质为主，因此，教师要尤其注意沟通的技巧，注意措辞的方式，就事论事，既要让学生充分认识到自己的不足之处，又要保护学生的自尊心。

3. 口令指示法

口令指示的语言凝练，短促有力，因此，在体育教学的实践中，教师可以适当通过口令指示给予学生一定的知识，这种方式尤其适用于体育教学中的动作教学。口令和指示法的应用应注意三点：①发令的声音要清晰、洪亮；②注意使用口令法和指示法的时机；③注意口令和指示发出的语速和节奏，太快了学生跟不上，太慢了会削弱其力度和有效性。

（二）完整教学法

完整教学法在体育教学中有着较为广泛的应用，其主要应用于教学实践课，重点强调在体育教学过程中要完整地、不间断地对整个技术动作的过程进行展示，使学生从整体上产生对动作的整体概念和印象。完整教学法在体育教学中的应用有以下三点需要引起注意：

（1）完整展示要及时。在通过语言讲解之后，要尽快进入整体展示的阶段，保持学生在认知上的连贯性，在语言讲解和整体展示的连续的、双重作用下，促进学生对技术动作有一个正确的把握。

（2）前期的动作练习要适当降低难度。对于难度系数稍大的动作，教师可以先降低动作的难度和要求来引导学生完成完整的动作流程，然后逐渐增加难度，待学生比较熟悉动作流程之后再按照标准动作的要求来完成整个动作的学习和练习。

（3）对动作的各个要素进行全面的解析，而不是仅仅局限于将动作连续地展示给学生看。这里的动作要素主要包括动作的发力点、支撑点、用力的方向、大小以及所有影响动作标准的细节因素。

（三）预防教学法

学生的体育学习和教师的体育教学一样是一个开放性的过程，因此其受到各种因素干扰的可能性较大。除此之外，学生的理解能力、认知水平、身体的协调性和体能素质等各方面的条件也存在较大的差异，要求所有的学生都能够迅速掌握体育知识和动作的要领显然是不现实的。在学习的过程中，学生不可避免地会出现各种各样的错误，这就要求教师注意观察学生的动作练习的情况，总结出其中的规律性，指出错误发生的根本性原因并予以纠正。预防教学法是针对学生的错误认知、错误动作这种现象而提出的一种具有预防、阻断效果的教学方法。应用预防教学法有以下三点要求：

（1）在体育教学中，在前期的讲解过程中，教师要不断强化正确的认知，并对易于出错的地方予以强调，避免学生对动作的理解产生歧义和不正确的认知。

（2）教师在正式上课之前要对可能出现问题的地方进行预估，然后设计出一套比较完善和高效的解决方案，这样可以节约上课的时间，提高教学的效率。

（3）教师可将口头评价的教学方法综合运用到实际的教学过程中，提示学生在关键的时候不要犯错误。

(四) 直观教学法

直观教学法是通过给予学生视觉等感官以刺激来促使学生对体育知识产生深刻的了解。直观教学法的优势和特点是直接、生动、形象,其产生的效果往往也更具有震撼力和持久性。在体育教学中,有以下几种常见的直观教学法:

1. 动作示范法

动作示范法是指在体育教学中,教师通过对教学内容的动作示范,帮助学生熟悉动作的结构和动作的要领,同时使学生对该技术动作有一个整体上的、比较形象化的了解。应用动作示范教学法应注意以下四点:

(1) 明确示范的目的。在示范之前,教师要明确示范的目的是什么,通过动作的展示,要使学生达到什么样的学习效果。进行动作示范之前,教师要指导示范的目的是什么,要展示什么。

(2) 动作的示范要标准连贯。因为教师的演示就是学生学习和模仿的参考,所以教师的示范必须要正确,否则一旦学生形成错误的动作习惯,将会对其后续的学习带来许多麻烦与不便。

(3) 注意选择合适的示范位置和角度。这样做的主要目的是要使所有的学生都能清晰地观察到动作示范,从而对技术动作产生一致性的、准确的理解和认识。为了实现该目标,教师可以选择从多个角度来进行多次示范等方法。

(4) 应将示范与讲解相结合。通过示范、讲解两种方式的配合,调动学生的听觉、视觉和触觉等多个感官的功能,使学生对于技术动作有更为深刻的理解和认识。

2. 案例教学法

案例教学法,就是教师在体育教学中用反面对比和类比等方法来列举例子,让学生能够更好地理解所教授的内容。案例教学法有如下的具体要求:

(1) 案例的选取要适合,确保能够产生目标要达到的加强、对比等方面的作用。

(2) 选取有关战术配合的案例时,对于案例的分析要尽量详尽一些,并且要注意从攻和守两个角度进行分析。

3. 多媒体教学法

多媒体教学方法在现代体育教学中的使用越来越广泛，相较传统的板书教学最大的区别和优势是：多媒体教学可以形象、生动地将教学内容展示出来，通过动画和视频演示、慢放和定格等操作，将每一个动作的每一个重点和细节进行精准地定位、展示和分析，从而使学生对动作技术有更加快速、清晰、深刻的认识，这是传统的肢体示范和口头讲解都无法实现的。需要强调的一点是，多媒体教学法的运用需要多媒体教学设备等硬件条件的支持，也需要教师具备多媒体操作技能作为软件方面的支持。

4. 教具与模型演示

教师利用教具和模型等实际物体来辅助体育的教育教学，能使学生对于技术结构的理解更加简便和轻松。其中需要注意以下要点：

（1）根据教学的内容的实际的需要提前将教具和教学模型准备好。

（2）教具和教学模型的展示要全面到位。当对器材进行具体的介绍和讲解时，教师可以让学生近距离观察和体验。

（3）在使用过程中，要注意保护教具和教学模型，使用完之后要小心地将其收纳到指定的容器内，并放置到安全的地方以防损坏。

（五）游戏教学法

游戏教学法是指教师通过游戏娱乐的方式促使学生对体育知识要点进行掌握。该教学方法应用比较广泛，可用于各个学习时期尤其适合于低龄的学生。其最大的优势是可以极大地调动学生的学习积极性。在进行游戏教学法的过程中，需要注意以下几个方面：

（1）注意游戏的设计所涉及的行为方式、思维方式都应当与教师所教授的内容具有较高的相关性。

（2）对于游戏的设计和选择要注意学生的兴趣和偏好，教师应选择学生感兴趣的内容、方式。

（3）在游戏开始之前，教师要讲清楚游戏的规则和游戏的目标是什么，要注意游戏规则、目的的讲解。

（4）在开展游戏的时候，教师要鼓励学生尽力而为，队友之间要形成良好的合作。

（5）在游戏过程中，教师要扮演好"警察"的角色，对于犯规的学生要给予一定的惩罚。

（6）在游戏结束后，体育教师要问一问学生的感受如何，同时对学生的表现给予中肯、全面的评价。

（7）在整个游戏教学的过程中，教师要提醒学生注意安全，提醒并禁止具有安全隐患的行为。

（六）分解教学法

分解教学法是与完整教学法相对的，更适合于高难度的运动项目。分解教学法的主要优势是分步教学，将原本很复杂的动作变得更容易理解和模仿，从根本上降低了技术动作的难度。具体来说，分解教学法的应用需要注意以下几个方面：

（1）科学地选择技术动作分解的节点，不要破坏整个动作的连贯性。

（2）注意依次教学和加强衔接练习。对于分解后的各个部分要按照其先后顺序进行练习，之后还要将各个环节的衔接处结合到一起，并对此做专门的强化练习。

（3）将分解法和整体法结合运用，可以获得更好的教学效果。

（七）纠错教学法

纠错教学方法是指在实际的教学过程中，教师发现学生发生了在理论认识和动作练习上的错误之后，及时纠正的一种教学方法。其中，动作错误主要体现在学生对于动作理解的偏差而导致的错误，或者是由于不够熟练，达不到标准的技术动作。针对不同的情况，教师要在分析后采用不同的引导方式。纠错教学法有以下具体的应用要求：

（1）纠错时，教师要反复重申正确动作的关键要点，要使学生真正明白错误动作产生的原因在哪里，这样才能帮助学生及时改正，而且不会出现反复重犯的现象。

（2）必要时，教师可以使用一定的外力帮助学生对于技术动作形成正确的本体感觉。比起预防性的措施，纠错具有较强的针对性，因此，教师必须能精准分析错的源头，才能给出最为合理和有效的解决方案。

（八）竞赛教学法

竞赛教学法就是通过组织各种比赛来促进体育教学的一种方法。竞赛教学法可以提升学生各方面的综合能力，是一种比较理想的训练方法和教学方法。具体来说，比赛可以增加学生运动技能的实践经历，使得那些高难度的动作和技战术不是纸上谈兵，同时还可以锻炼学生的团队协作能力，以及面对突发状况的心理调适能力和应对问题的能力。竞赛教学法是体育教学当中具有特殊优势的一种教学方法，对于提升学生的心理素质、竞技水平以及他们的身体素质都有着不可取代的重要作用。关于竞赛教学法，应用时需注意以下四点：

（1）具有明确的目标。一般要通过竞赛提升学生相关运动项目的技能水平。明确竞赛目的。通过足球运动竞赛切实提高学生的足球运动技能水平。

（2）合理分组。各个对抗队的人员的实力要处于不相上下的水平，这样才能通过激烈的竞争获得共同的提高。

（3）客观评价。教师要密切关注学生在竞赛过程中的表现，既要从整体上把握，又要看细节的处理，只有做到这一点才能给学生以最客观和中肯的评价，从而使学生能够清晰地意识到自身的优势和不足，促进他们获得进一步的提升。

（4）竞赛教学法的前提条件是学生对于运动项目有一定深度的理解，并且已经熟练掌握相关的技术动作，这样可以有效避免由于不熟练带来的运动伤害。

对于体育教师而言，不能仅限于某一种教学方法，而是应当不断地尝试和学习新的教学方法，并结合教学的实际情况科学、灵活地选择和组合。这样可以显著提高体育教学的质量。

二、高中体育的传统学习法

（一）自主学习法

自主学习法是指学生主动发现、分析、探索，独立自主地进行体育学习的方法，但这并不意味着学生可以完全脱离教师的指导，而是要在教师一定的引导下开展自主性学习活动。体育教师指导学生进行自主性的体育学习，应当注意以下四个方面：

（1）难度适当。由于是自主性学习，学习过程以学生的思考与探索为主，这对于学生来说并不是一件轻而易举的事。因此，教师要注意根据学生的年龄阶段、认知特点，为学生选择难度适当的学习内容，保证学习内容具有一定的挑战性,但又不至于无法完成。

(2)明确学习目标。教师要为学生的自主学习制定一个清晰的学习目标。通过这个学习目标,学生要清楚地知道自己要完成的任务是什么,通过自主学习需要解决哪些问题以及要达到什么样的水平。

(3)学生要参照学习目标,在学习过程中学会自我调控,具体包括:①对学习过程有一个整体的把握;②学会积累各种学习方法,并思考学习方法与运用场景之间的联系;③要有创新思维,在对具体情境进行较为客观的基础上将已有的知识进行迁移和组合,从而创造出专属于自己的新策略。

(4)教师要对学生的自主学习给予适当的辅助与引导。学生的自主性学习并不是放任不管的无组织的学习,相反更是一种有计划、有目标的学习过程。在这个过程当中,教师要关注学生的学习进度,如果出现不妥当的情况,如学生的学习路径或思考方式与学习目标发生偏离,就需要及时给予纠正。

(二)合作学习法

合作学习法就是指在学习的过程中强调合作的重要性,强调学生之间的相互帮助和配合,通过合理地划分工作任务和相应的责任,最终共同圆满地解决问题,达到学习目标和任务,达到教师所设定的学习目标,完成教师布置的学习任务。

(1)确立学习目标,包括通过该合作式学习预期要达成的效果是什么,要重点培养学生在哪方面的能力。

(2)将全部的学生分成实力相当的小组,依据任务的特点,注意将不同性格、性别、特长的学生的合理搭配,以促使学生之间相互取长补短。

(3)确定小组研究课题,引导学生合理地进行组内分工,并探讨如何提高全组的整体学习效率。

(4)完成小组学习任务。

(5)各个小组之间进行学习和交流,分享各自的经验的心得。各个小组通过交流和分享可以相互学习,发现自身的优势和不足。

(6)教师关注、监督和评价学生学习的过程,并帮助学生一起做好学习的总结。

三、高中体育教学方法的选择划分

"体育是高等教育体系中的重要组成部分,其能够对学生的全面发展起到良好的促进作用。"① 目前，各个学校在开展体育教学时所采用的方法十分丰富多样，且各具特点。要想将教学方法的价值真正发挥出来，体育教师就一定要重视对于教学方法的选择。具体来说，体育教师为体育教学挑选方法的标准主要包括：

（一）根据教学目标选择划分

根据教学目标、教学任务的不同，教学方法在选择上也会存在一定差异性。目前，体育教师为体育教学选择教学方法的主要依据是体育教学目标。具体来说，体育教师在基于体育教学目标选择体育教学方法时，需要注意如下事项：

（1）体育教师一定要基于体育教学的总目标选择体育教学方法，以此来确保不管是每次课的教学目标还是总体教学目标在最后都能实现。

（2）一定要基于本次课的教学目标选择合适的教学媒体和方法。

（3）一定要注意将教学目标进行细化，据此来对于教学方法加以确认，最终确保每一个小目标在最终都能实现。例如，出于组织学生对于课堂所掌握的体育技能进一步加以巩固，体育教师可对应地采用练习法、比赛法等。又如，出于引导学生学会新技能的目标，体育教师应该多运用讲解、示范、分解、模仿等教学方法。

（二）根据教育理念选择划分

在选择教学方法这一过程中，教学理念具有重要指导作用。具体来说，体育教师在为学校体育教学选择方法时，应在最新体育教学理念的指导下进行，需要注意如下方面：

（1）现代体育教学深受素质教育的影响，强调以实现学生的身心健康的全面发展为目标。对此，体育教师在为学校体育挑选教学方法时应坚持"以人为本"，始终坚持将健康这一理念放在学生体育参与学习的过程中。这除了有益于保障学生可以积极、主动地参与体育学习，还有利于学生的"终身体育"意识的形成。

（2）应该坚持以学生为主，根据学生实际需求来选取教学方法，进而确

---

① 赵涵颖. 终身体育视域下我国大学体育教学改革分析[J]. 现代职业教育，2022（22）：115.

保学生的积极性和主动性被充分激发出来。

（3）应该注意强调对于学生体育意识的培养、体育能力的提升，进而为其在走出校门、走向社会后继续参与体育奠定扎实的知识与技能基础，保证其在未来发展中可以主动参与体育运动。

（三）根据教学内容选择划分

学校体育所涵盖的教学内容十分丰富多样，为了能够保障学生很好地掌握了这些教学内容，教师需要据此来选择特定的教学方法，这样才能确保整个教学得以顺利进行，从而使学生得以深入地掌握教学内容。在学校体育教育教学系统中主要有两个构成系统——教学内容和教学方法，二者之间存在十分紧密的联系。因此，教师在选教学方法时，一定要重视对于教学内容的考虑。具体操作要求如下：

（1）一定要重视教学方法的实用性，即保证其可以切实可行地在体育教学中加以运用。例如，体育教师在教授技术动作时，应该运用主观示范法为学生讲解该技术动作；体育教师在讲授体育原理时，应该运用语言讲解教学法，按照一定逻辑逐步为学生解释该原理，让学生得以真正理解和掌握。

（2）应该注意基于教学内容的表现方式来进行选择，以此来保证学生以极大的热情尽快掌握该种教学技术。例如，图片展示这一方法具有直观性、便捷性，多媒体教学这一形式具有生动性、细致性。不同的方式具有不同的特点，学生可以根据实际内容选择适合的教学形式。

（四）根据教师条件选择划分

在体育教学活动中，体育教师不光是组织者、指导者，还是安排者、选择者、实施者。因此，体育教师在选择教学方法时还应该对于自身的相关条件进行考虑，具体要求如下：

（1）应该注意考虑该方法是否能适合自身。换句话来说，体育教师应该考虑运用这一方法是否可以将自身的素质水平、知识结构、教学能力与经验发挥出来，保证教学得以顺利进行。

（2）应着重研究这一教学方法是否与教师的教学风格、性格特征契合。

（3）应该与本次课教学目的以及课堂控制进行结合。

总而言之，一定要注意基于自己的特点来选择进行，以便扬长避短，使教学方法更具针对性。

（五）根据学生特点选择划分

体育教学所面临的群体主要是学生。如果没有学生，体育教学将会失去其存在的意义。因此，体育教师在选择体育教学方法时首先需要考虑的是，这一教学方法是否有益于促进学生的体育学习，所以一定要基于学生群体的实际需求和特点来选择具体的教学方法。这要求体育教师既要关注学生的群体特点，又要关注学生的个体特点。具体来说，体育在基于教学对象即学生的特点来选择教学方法时，应该重点关注以下几个方面：

（1）就学生这一群体所具有的特点来说，体育教师一定注意把控这一群体的共性，据此来选择体育教学方法。例如，低年级学生定性较差，爱玩，体育教师就可以在教学过程中多采用游戏这一方法进行教学；高年级学生的专注力更加持久，也有了思考能力，所以体育教师可采用探究、发现法教学，引导学生在自主探究和解惑的过程中一步一步地培养起参与体育运动的习惯和意识。

（2）就学生这一群体的个体特点来说，体育教师应该注意关注学生与学生之间的不同，并据此来安排教学方法。

（六）根据教学环境与条件选择划分

体育教师在选择体育教学方法时一定要综合对整个教学活动涉及的教学因素进行考虑，尤其要重视对于客观教学环境与条件的考虑。

具体来说，教学环境不仅包含场地、器材，还包含班级人数、课时数等。与此同时，外界社会文化环境的好与坏也会对教学环境产生十分深远的影响。体育教学条件包含体育教学的硬件条件和软件条件等。

体育教学环境与条件在开展学校体育教学活动的实际过程中人的主观意志的影响会对教学方法的选择产生十分显著的影响。体育教师在选择教学方法时，除了需要关注这些客观教学环境因素之外，还需要对于某一种教学方法所需要的必要的客观环境与条件加以充分考虑。

四、高中体育教学方法的优化创新

创新体育教学方法"是体育课程改革的需要，是培养创新型人才的需要，是体育教学自身规律的需要。"[1]

(一)高中体育教学方法的优化

1. 加强教学手段与创新意识

在创新学校体育教学手段这一实际过程中,体育教师要想收获良好的成果,应该在态度上给予重视,树立其科学的创新意识。"体育教学方法的创新要从教学要素整体着眼,合理编排"[2],体育教学手段能够有所突破,实现创新,将会对现代学校体育教学实现创新、突破传统落实理念的制约、建立起与时代相适应的现代化体育教学模式起决定性作用。要想实现体育教学手段的创新,关键在于引导第一线的体育教师以及体育教学的相关管理部门对于创新形成正确的思维和意识。

2. 优化体育教学的硬件设施

各个学校应该对于体育学科的多媒体场馆和实验室增加资金投入和设施建设力度,保证体育教学已经配备足够的体育教学场地、设施、器材装备,以很好地满足当下体育开展教学的实际需要,这同时也是创新和发展体育教学手段,使其实现现代化的基础。

学校体育教学除了要对硬件设施的数量和质量加以保证之外,还应强调科学、有效地对现代化教学设备加以应用,进而确保其可以更好地为体育教学实践服务。在过去,体育教师主要借助示范和讲解这种形式来给学生传授理念、教授知识。尽管体育教师对于动作的示范和讲解是正确且规范的,但是学生却有很大可能会因为教师示范时间过短而不能深入分析和理解该动作。每次在教授新技术动作之前,体育教师都应组织学生利用多媒体技术先行观看和分析该技术动作。例如,体育教师可利用多媒体技术的慢放功能,对于那些复杂动作进行慢放或者分解,以此来保证学生深入理解该动作的原理以及动作之间的上下承接关系;或者也可以利用多媒体技术记录学生练习技术动作的过程,以供教师对于学生的掌握情况进行分析,并对那些不足或者错误之处及时加以调整。多媒体技术可以涵盖形、声、色,这能够对于学生

---

[1] 殷和江. 高校体育教学方法创新策略研究——基于体育课程改革背景下[J]. 黑龙江科学, 2020, 11 (07): 108.

[2] 霍军. 体育教学方法实施及创新研究[J]. 北京体育大学学报, 2013, 36 (01): 84.

的感官直接诉诸影响，这比传统教学方法更能对学生大脑皮层的神经系统产生刺激并激发影响，可极大限度地激发其学生的学习积极性。

除此之外，尽管部分学校也为体育教学搭建起了多媒体实验室，但主要用于测量或者理论教学，反而很少在体育技术教学中加以运用，这促使体育教学实验室的功能性尚未被完全发挥出来。而如果体育教师在向学生教授体育技术时，可以对于体育教学实验室加以科学合理地利用，使体育教学手段得到优化，转而成为一种结合了体育多媒体、教学实验室和室外技术实践的教学模式，则将会对课堂教学效果和质量的提升产生十分重要的作用，有助于学生对于复杂、高难度的技术动作进行快速理解和掌握。因此，学校体育教师在开展体育教学时，可事先组织学生对于课堂内容所涉及的技术动作进行观看，让学生对于该技术动作有所理解。

除此之外，体育教师还可借助实验室的器材设备，让学生通过真实体会这一形式，对于技术动作的特点进行更加深入的掌握。体育教师要组织学生在实际结合运用音乐媒体的练习过程中，加深对学生练习时间和节奏的把控，让学生可以正确掌握该技术动作，并对其所具有的时空感、节奏感有更深的理解，从而保障学习效果可以得到有效提升。

3. 合理开发体育教学软件

在学校体育教学基础设施持续得到完善、优化，以及教育技术现代化得到快速发展这一背景下，当前各个学校一定要注意加大对于体育教学辅助软件的建设力度。各个学校在后续体育教学中应有意识地确保体育教学软件的开发力度可以得到进一步提升，使其得到迅速发展，可以更好地匹配于现有的硬件设施条件，从而可以将现代化教学手段的价值和意义充分发挥出来。具体来说，体育教师在开展体育教学的实际过程中，要基于汇集计算机、投影仪、录像播放三者于一体的多媒体技术，将那些难度相对较高的动作技术制成动画，以便学生可以反复多次、慢速、多方位、动静结合地观看整个技术动作的演示。如果再配以一定文字对于该类动作的关键部位进行解释说明，那么学生势必会对所学动作的技术要领和动作结构有更加深刻和清晰的理解和认识，这可确保学生对于正确的动作快速形成概念，可极大限度地提升教学效率。

那些功能强大、全面、实操性较强的教学软件可极大限度地激发学生学习体育动作、体育理论的兴趣。这进一步说明教学软件的开发利用在学校体育教学中有着非常重要的价值。例如，在开展篮球体能训练的实际过程中，如果只仰仗于个人进行体能训练，或者利用多媒体幻灯片这一技术来向学校学生讲解大量的理论文字，那么这对学生而言无疑是枯燥的也是乏味的。反之，如果体育教师在制作体能电子教案时，采用动画或者视频等动态形式来对体能训练进行讲解，那么这种形式就更加具有观赏性，可供学生反复进行观看，最后再辅之文字理论或讲解，就可以直接对学生的感官神经产生一定刺激，使学生在学习体育理论和技术时带有强烈的好奇心与兴趣。具体来说，大力开发体育教学软件，除了有益于进一步优化体育教学内容、教学模式之外，还能进一步拓展和丰富学生对所学内容的领悟路径。

此外，出于进一步丰富和拓展资源的目的，各个学校还应该搭建起相关的互联网教学资源库，以便学生可以借助校园网在教学资源库中获取自己所需以及自己感兴趣的知识，在线主动进行学习，这有利于为学生营造出一个更好适应高度互动、个性化的智能教学环境。在校园网、体育教学信息库得以建立并实现进一步改善，以及高科技产品与体育教学之间的结合更加紧密的背景下，不管是研制现代化体育教学软件，还是创新与开发现代化体育教学软件和过去相比都更为容易了。由此可见，加快、加大开发体育教学软件的力度，对创新和发展体育教学手段的现代化都具有极其重要的意义。

（二）高中体育教学方法的创新

1. 准备活动的创新

准备环节是学校体育教学的重要环节之一。好的准备活动可确保学生不管是身体机能还是心理机能都可以快速进入准备状态，极大限度地降低了运动损伤的发生概率，使整个运动过程得以顺利进行。因此，体育教师在创新体育教学方法的具体过程中，应该以准备活动作为着手点，使准备方法更具创新性，让学生得以放松身体、身心，为后续教学的顺利进行提供保障。

具体而言，准备活动通常可分成两种形式——一般性准备和专项准备。体育在一般性准备活动中，可通过游戏的形式激发起学生的参与热情，保证学生大脑的兴奋性得以提升。例如，可以采用以"贴人""报数"等为代表的过程简单、组织便捷、具有极强灵活性的游戏，引导学生的身心得以迅速处于一种准备状态。而在专项准备活动中，体育教师也可基于教学内容适当地引入一些与之相关的内容。例如，体育教师可在开展投掷类运动之前，开展一个传球游戏，既可以让学生放松身心，激发起学生学习的热情；又可以让学生做好热身，可极大限度地避免运动损伤的发生，进而得以为后续教学的顺利进行做好铺垫。

2. 课堂教学的创新

体育教师将创新理念融入学校体育的实际教学中，一方面，可使整个课堂氛围更加生动活泼，使原本十分枯燥且单一的训练充满乐趣；另一方面，又可将学生的学习热情尽可能地释放出来，使学生不仅可以深入理解相关理论，还能尽快掌握相关的运动技能，进而最终促使整个教学取得十分理想的成效。

3. 结尾阶段的创新

对于结尾阶段方法的创新同样不应忽视。体育教师如果在实际开展学校体育教学的过程中可以很好地对于结尾阶段的方法进行创新，为整个教学留下一个美好的结尾，就会让学生产生一种乐不思蜀的感觉，这不管是对于学生运动习惯的养成，还是对于运动意识的形成都具有十分重要的作用。在体育教学中，结尾阶段在整体教学过程中所具有的作用不容忽视，除了可使学生原本处于不平静状态的身心机能得以迅速恢复外，还能为学生后续的深入学习做好准备。对此，体育教师在进行创新时，一定要以学生此时所具有特点和需求作为指导，大胆对教学方法进行创新，以此来保证教学在结尾处可以得到升华。

具体来说，体育教师可以安排一些旋律、节奏都较为舒缓的音乐，再配合一些相对较为舒缓的动作，引导学生的机能状态逐渐趋于平静。除此之外，体育教师还可以尽可能对于结尾时的教学形式进行丰富，可引入瑜伽、太极和健美操等运动项目的动作，以此来尽可能对于结尾处的内容进行充实，保证学生的学习兴趣得以激发，确保创新可以实现。

4. 游戏形式的创新

游戏法是学校体育教师创新体育教学方法的重要形式之一。这种方法相对于其他类型的教学方法更具娱乐性，可保证学生的热情得到提升，是当下较为理想的教学方法之一。因此，体育教师应在创新教育理念的指引下对于游戏方式适当进行革新，以此来引导学生在游戏中逐渐健全人格、提升智力、发现潜能，进而将体育这一学科所具有的价值发挥出来。

例如，学生不管是判断力、观察力，还是想象力、反应能力都是极强的，游戏可以很好地将学生的智力展现出来。因此，体育教师在开展学校体育教学时一定要注意为学生留有一定的空间,以便学生可以根据教学实际设计出一些更具趣味性、创新性的游戏,进而使学生间的竞争性得以增强,推动学生更好地实现全面发展。

第二节 高中体育教学方法的创新视角

一、体育教学方法的创新发展趋势

现代体育教学方法经过多年的改革与发展,已经形成了具有特色的教法体系。随着经济社会的不断发展,其仍处于不断地创新和发展中,并呈现出以下趋势:

(一)现代化趋势

在现代教学方法的现代化发展过程中,体育教学的现代化十分明显。体育教学现代化的重要表现之一是教学设备的现代化。体育教师通过运用先进的技术手段,能够更好地开展教学活动,使学生可以更好地进行体育学习。而且,通过运用先进的现代化设备,体育教师可以对学生的身体素质有一个更加全面的了解,从而有针对性地对运动训练的负荷量进行安排。在教学管理方面,现代科技的运用可以为学生的学习和生活提供更加便捷的服务。随着现代社会的不断发展,体育教学的各项技术将得到一定程度的创新与发展,其教学方法也必然呈现出现代化的创新性发展趋势。

(二)心理学化趋势

在心理学中,学习是一个较为复杂的心理过程。在体育教学中,学生学习是一项既涉及知识记忆,同时还涉及动作技术记忆的复杂形式。随着心理学研究的不断深入,学习过程的各个要素与阶段开始被人们逐步认识。并且,在具体的教学实践过程中,心理学的相关理论得到了一定的运用,并发挥了积极的作用。在体育教学方法的发展过程中,很多心理学的研究成果都得到了不同程度的应用,这对于促进体育教学质量的提高具有积极的影响。

另外,体育教学方法的运用还肩负着提高学生的意志品质,发展学生的健康心理等培养目标,通过采用相应的心理学知识,能够使体育教学方法在这些方面的目标得到顺利实现。

（三）个性化与民主化趋势

现代体育教学方法正在逐渐向个性化与民主化的趋势发展。在传统体育教学过程中，强调教师的主体地位，只重视教师的教。教师在组织教学活动时也没有对学生个体之间的差异性进行充分考虑。随着体育教学的改革深入与发展，社会越来越重视学生个性的发展，因此，体育教学方法的发展也必然呈现个性化的创新趋势。个性化的教学方法改革和创新不仅有利于学生的全面发展，而且有利于社会的进步。

体育教学方法的民主化发展也是大势所趋。随着在体育教学过程中民主意识的崛起，民主化体育教学方法将得到进一步的重视与更加广泛的采用。

二、体育教学方法的改革策略

（一）课内与课外进行结合

体育目标之所以能够实现的主要形式之一就是体育课。需要注意的是，体育课不是实现体育教学目标的唯一形式。除了体育课以外，体育还包含课外体育活动、早操和课间操等其他的几种形式。并且，如果形式不同，那么体育所具备的特点也将会是不同的，在体育教学目标实现的过程中，也会表现出不同的倾向。然而，这样的倾向是互相补充、互相联系且互相促进的，而不是互相割裂存在的。

从系统论的角度来讲，体育系统是一个具有特定功能的有机整体，主要组成部分包括课外体育活动、课间操、早操与体育课程教学活动等。作为一个人工设计的系统，如果想要使体育的整体效益与整体功能得到提高的话，就需要将课内与课外结合在一起，也就是说，将课外体育活动、课间操、早操与体育课程教学等内容紧密地结合在一起，整体地进行设计。

（二）统一安排与自主活动进行结合

在现阶段，我国体育教学的发展水平仍旧存在很大的上升空间，同时，体育场地器材也要加强建设。对于这样的情况想要通过一朝一夕就改变是非常困难的，为了使学校体育教学目标顺利达成，有序地开展各项体育活动，各学校或者班级统一安排、组织、开展了运动会、课外体育活动、课间操、早操、体育教学活动等；同时，针对不同形式的各种体育活动，在对象不同的情况下，为学生留出了一定的时间来自主活动。

（三）严格的组织纪律与体育氛围进行结合

纪律的严格性与组织的严密性是培养学生良好学习作风与组织纪律性的重要因素，同时也是实现体育各项目标与保障安全的必要因素。在学校体育场地器材存在普遍不足的情况下，如果想要对学校体育各项活动的有序开展做出保障，就必须具备严格的纪律与严密的组织。在学校有限的师资力量、有限的教学时间与不足的场地器材下，如果想要保证体育教学的顺利开展，就需要具备严密的课堂组织与严格的纪律，进而保证力量教学效果的获得。

学校要按照学生的身心特点创造出活泼的、生动的体育教学气氛。整个学校的体育氛围，从广义的角度上来讲，一般是指体育育人的环境。通常体育育人环境不仅包含了体育教学的硬件环境，还包含了体育教学的软件环境。这里面所说的体育教学硬件环境，通常是指体育场地的建设与体育设施的建设，而这里所说的体育软件环境，通常是指学校教师、学生的体育意识与体育舆论。此外，对于体育工作的加强，教育行政部门与学校领导应该将其作为素质教育全面推行的切入点来进行认识与对待，通过各种各样的媒介，在全校师生与学生家长中对体育的重要意义进行广泛且深入的宣传，进而促进一种强有力舆论的产生。

从狭义的层面上来说，体育氛围是指在各种各样体育活动开展的过程中，学生所存在的心态和情感，如体育教学氛围、课外体育活动氛围等。如果想要形成一个生动的、活泼的体育氛围，基础是教师和学生之间的和谐关系，手段是科学的组织方法，标志是使学生的情感得到激发。体育氛围对于体育教师的文化素养与教育艺术存在较高的要求，保证能够师生协调、统分合理、张弛适当、宽严有度地在体育教学活动与其他的体育活动过程中发挥作用。

严格的组织纪律和生动活泼的学校体育氛围之间存在的矛盾是比较难处理的。在我国学校体育教学的实践活动中，已经有一些教师将二者和谐统一地进行整合，进而完美地展现出体育教学高度的水平与艺术性。

（四）激发体育兴趣与培养刻苦精神进行结合

在学校体育教学实践活动开展的过程中，对于在实践活动中对学生体育兴趣培养、激发的问题给予足够的重视。这也是学生体育活动开展的内在驱动力，使学生终身体育意识与能力得到培养，更是体育教学目标的实现需要。

因此，体育教师应该按照学生的身心特点，对学校体育的活动方式、组织方法和教学内容进行选择，同时，适当地改造某一些竞技运动项目，将体育教学内容的健身性与娱乐性有机结合在一起，将体育教学方法的实效性与有趣性有机结合在一起，使学生从事各种体育活动的兴趣得到有效激发与培养。

学校体育教学的实践活动能够使学生的某一种素质得到有效发展，或者使学生的某一种运动能力得到提高，抑或使学生对于某一项技术尽快掌握，尽管能够获得明显的效果，但是过程却是单调的、乏味的。在这样的情况下，如果想要获得理想的效果，就需要学生始终坚持刻苦锻炼。

学生对于体育的兴趣会由于个性差异的存在而表现出不同。通常的表现是，即便是同一项体育运动项目，对此感兴趣的可能只有一部分学生。所以，体育教师不仅要注重激发与培养学生的体育学习兴趣，还要加强对于学生刻苦锻炼精神的培养的重视，同时对学生开展刻苦锻炼方面的意志品质教育，使他们将这一过程当作自身意识磨炼的过程。

第三节 互联网背景下高中体育教学方法的创新应用

随着时代的不断发展，现在已进入一个信息化社会，各种互联网技术得到了广泛的应用，这为人们带来了极大的便利。在体育教学中，各种先进的互联网技术手段也得到了一定程度的应用，对体育教学质量的提升有一定的帮助。基于创新教育理念的体育教学方法可以"为提高学生的学习效率、培养锻炼意识、有效促进身心协调发展奠定基础。"[1]

一、互联网背景下体育教学手段与方法应用的必要性

如今，互联网教学手段在学校教育中得到了广泛的应用，但是，与其他文化课相比，由于体育课实践性特点的特殊性，互联网手段应用于体育教学之中的时间相对较晚。传统思想观念认为，体育属于一门实践性很强的课程，要求学生在实践中获得发展和提高，如果只是通过网络学习，则并不能起到

---

[1] 霍军，苏朋.创新教育理念下体育教学方法应用研究[J].体育科学研究，2014，18（02）：78.

良好的教学效果。

随着时间的推移，学校教育的大部分课程都引入了互联网教学技术手段，取得了明显的成效。体育课程也进行了一定的尝试，通过多方面的努力，互联网技术成为促进体育教学质量提高的一个重要手段，在体育理论与体育实践等方面都得到了一定程度的运用，成为提高体育教学质量的一个重要辅助。相信伴随着学校体育教育的不断发展，各种互联网技术手段必将得到更为广泛的利用。为适应当今信息化发展的要求，学校体育课程需要进行基于互联网思维的教学手段与方法改革，以适应现代教育的要求，这是时代发展的必然，也是学校教育发展的必然。

二、互联网背景下基于视频打卡的课外作业法的运用

课外作业法就是体育教师充分利用课堂之外的时间，采用课前布置自学任务、课后布置学习任务的形式来提高教学质量的一种教学方法。大量的实践表明，这一教学方法符合现代教育的要求，能取得理想的教学效果。

在互联网信息技术快速发展的背景下，将互联网技术与课外作业法相结合不失为一种有效的教学手段或形式。因此，基于视频打卡的课外作业法就是这样应运而生的一种互联网教学手段。这一教学方法的具体运用流程为：体育教师针对学生的具体实际布置明确的学习任务与目标，学生依据教师布置的教学任务自行在互联网上搜索各种学习资料，并做好大量的预习工作。通过互联网搜索学习的方式，学生既初步了解了将来体育课堂上所要学习的内容，又极大地提高了自己搜索知识与主动学习知识的能力，可谓一举两得。

以体育课中的足球课程教学为例，体育教师可以事先为学生布置好课前作业，如足球运动与其他运动项目相比有什么优势和特点、足球运动需要哪些技术、重点技术有哪些等。当安排重点技术的练习时，教师可指导学生利用镜子做分解动作，形成正确的动作定型。学生可以拍视频上传至教师指定的互联网平台，这就是视频打卡的教学手段。通过这种视频打卡的方式，学生通常都能正确地对待，无法作假，也不能敷衍了事，同时还带有强烈的新鲜感，能够激发学生学习的兴趣，取得了理想的教学效果。

第六章 互联网背景下高中体育智慧课堂教学创新

第一节 互联网背景下高中体育慕课教学创新

一、慕课的界定及特征

（一）慕课的界定

"慕课作为在线教育的延伸和拓展，蕴涵多种教育理念"[①]。慕课（MOOC）即大规模开放在线课程，是"互联网+教育"的产物，我们可以根据这四个单词的组合意义来理解慕课的内涵。

大规模（Massive）在慕课中主要强调的是在这一平台上注册学习的人数很多，同时也强调了注册人数不受限制。

开放（Open）在慕课中主要强调的是这一平台没有针对性。慕课面对的是全世界任何一个想要学习的人，同时对学习者没有任何要求，学习者只要想学习就可以在平台上注册学习。

在线（Online）主要强调的是利用计算机网络进行学习的一种方式，强调这一平台的网络性和在线性，强调学习者可以根据自己的时间来灵活安排自己的学习。

课程（Course）在慕课中主要强调的是一种课程学习资源。慕课整合多种社交网络工具和多种形式的数字化资源，形成多元化的学习工具和丰富的课程资源。

[①] 金成平. 体育慕课现象的现实反思与未来展望[J]. 成都体育学院学报, 2016, 42(04): 122.

（二）慕课的特征

慕课是信息技术迅速发展的产物，在形成与发展过程中形成了独有的特征。

1. 大规模

慕课是大规模的在线课程。因此，大规模也是慕课的主要特征。众所周知，传统教学是有人数限制的，而慕课教学并没有人数限制，在同一课堂上学习的人数可以达到数百万。随着互联网和信息技术在教育教学中得到广泛的应用。教育信息化成为教育发展的主要方向。而慕课作为不限制课堂学习人数的信息化平台，在教育教学领域日益受到重视。慕课是信息化时代的产物，慕课为世界各地的学习者提供了信息化学习平台。在这一平台上，有来自世界各地数百万的学习者在同一课堂进行学习，从而体现了慕课的大规模性，这也是其他信息化平台无法比拟的。

2. 开放性

慕课作为大规模开放式在线课程，具有开放性的特征。关于慕课的开放性，我们可以从以下几个方面进行分析：

（1）教育教学理念的开放性。慕课平台注重平等性和民主性。同时，慕课平台上的课程资源是面向世界各地、各族人民的，没有任何人群的限制。除此之外，慕课平台提倡，只要想学习的人都可以在平台上进行注册学习，从而学习慕课上的各种资源。

（2）教学内容的开放性。慕课平台上蕴含着大量的互联网在线资源，而且这些资源的内容是开放的，没有时间和空间的限制。

（3）教育教学过程的开放性。讲授者和学习者的上课、交流、测试、评价等都是在慕课平台上进行的，教育教学过程是开放的。

可见，慕课有着优质的教育资源，同时将这些优质教育资源上传到慕课平台上，真实实现了资源的全球共享。慕课的开放性有利于促进教育国际化的发展，有利于实现全球资源共享，也有利于世界各地的学习者树立终身学习的观念，更有利于促进教育公平化的进程。

3. 技术性

技术性是慕课的主要特征之一。慕课是信息技术高速发展的产物，与其他的在线公开课程不同。慕课并不是教材内容到互联网内容的简单搬移，而是充分利用信息技术的优势,实现讲授者和学习者之间的在线交流与互动。实际上,慕课是将整个教学过程从线下搬到了线上,真正实现了在线课程教学。

同时,慕课作为信息化平台,主要采用短视频的形式进行在线教学。在通常情况下,在每一堂课中,慕课所涉及的教学短视频的时长是十五分钟左右。这些短视频不仅包括学习的课程内容,还包括一些客观题。学生要对这些客观题进行回答,而慕课平台对学习者的回答进行了评价。只有回答正确这些客观题,学习者才能在慕课平台上继续学习。

慕课不仅充分利用了信息技术,还将云计算平台融入其中,这样不仅丰富了课程资源,还促进了海量课程资源的全球共享。另外,慕课融入了大数据技术,在一定程度上促进了个性化教学的发展。除此之外,慕课平台上的各个网站也是精心设计的,这些精美的网站设计不仅有利于提高学生学习的热情,还有利于提高学生的学习效率。

4. 自主性

自主性是一个内涵十分丰富的概念,不同的学者对其理解也不同。下面选取比较有代表性的观点进行具体分析。基于关联主义的慕课推崇者对慕课的自主性特征发表了自己的看法,具体而言,主要包括以下几个方面:

(1)自主性强调的是学习者在慕课学习过程中自己设计目标,不强调事先目标的设定。

(2)在慕课学习中,主题是明确的,可以供学习者参考。但是,学习者通过慕课平台学习的时间、学习的地点都是不确定的,同时学习者的学习方式、学习效率、学习快慢等都是不受限制的,也就是说学习者可以自己决定学习的时间和地点,也可以自己决定学习的方式。

(3)除了需要获取学分的学习者以外,其他的学习者的课程考核方式都不是正式的。学习者针对在慕课平台上学习的预期和效果自行评判,并没有固定的、专门的或正式的考核方式。

由此可见,基于关联主义的慕课推崇者强调慕课学习完成是学习者自己学习的过程,并在学习过程中自行监督和调控。

总之,学习者结合慕课学习资源,根据自己的实际学习情况,选择合适的时间、地点对慕课上的资源进行学习。同时,学习者根据自己的学习需求,有针对性地与他人讨论和交流,从而通过学习慕课资源来满足自己的学习需求。除此之外,还需要指出的是,慕课与翻转课堂相融合,有利于慕课作用的发挥，也有利于提高学习者的自主性和主动性，从而不断提高学习者的学习水平。

5. 优质性

与其他信息化平台相比，慕课具有优质性的特征。众所周知，慕课涉及很多的课程，无论是世界慕课平台课程，还是当前比较流行的"好大学在线"课程，都拥有着高质量的信息资源和学习资源。因为，这些慕课平台上的课程资源都是世界各学校通过专门的技术团队进行合作开发、筛选、编辑、加工、整理、审核之后上传的。这些慕课资源不仅具有代表性，还具有高质量性，这些都为慕课课程资源的优质性奠定了基础。

6. 非结构性

慕课在内容安排上也独具特色。具体而言，慕课涉及的内容都是一些碎片化的知识。这些碎片化的知识经过专业领域教育者的组合形成了形式多样的内容。这些内容也是比较灵活的，可以根据需要随时进行扩充。各个领域不同的教育者对不同学科知识进行处理和集合，从而形成了内容集合。这个内容集合是慕课特有的，里面的知识可以进行再次重组，并利用慕课平台使这些知识彼此关联在一起。

另外，还需要指出的是，慕课课程标准的设立，有利于提高课程质量，也有利于提高学习者的学习水平。

总之，慕课是一种互联网背景下信息化的教学模式，不受课堂人数、时间和空间的限制，学生在慕课平台上学习具有很大的自由性，有利于调动学生学习的积极性。

二、高中体育教学中慕课的运用要点与优势

（一）慕课的运用优势

1. 慕课促进体育教育的公平性

"现阶段，慕课作为学校授课的主要形式，在教学过程中起到补充和辅助的作用。"[1]在体育慕课教学模式中，世界范围内的学习者都可以根据自己

---

[1] 许颖珊. 由学校体育慕课引发的教学模式思考[J]. 拳击与格斗，2021（4）：7.

的学习情况自主选择学习时间和地点。同时，慕课在学校体育教学中的应用，突破了地域经济差异、丰富了教学资源、扩大了学习者的数量，从而使不同地域、不同职业、不同年龄、不同学历的学习者都可以自主学习。可以说，慕课这种开放性的学习模式，为想要学习的学习者提供了学习的平台。

另外，学习者也可以根据自己的兴趣、特长等进行体育精品课程的学习。在学习体育课程过程中，学生如果遇到了问题，可以借助慕课平台与教师、同伴进行交流和互动，从而主动地构建知识，改变了学生被动接受知识的局面。总之，在慕课体育教学模式的影响下，教师不再是主导者，学生成为学习的主体，同时教师和学生形成了一种平等、和谐的师生关系。另外，慕课体育教学模式为学生提供了公平的学习机会和受教育机会，有利于促进体育教育的公平性。

2. 慕课推动终身体育学习理念

慕课在体育教学中发挥着至关重要的作用，也是现代体育教学发展的重要方向。随着慕课的发展以及体育教学改革的不断推进，慕课对体育教学的影响也越来越大，慕课也将不断应用于体育技能教学、体育技能训练、体育培训、体育实践等多个方面。同时，慕课融多种学科于一体，学生可以根据自己的学习情况和学习需要，自主学习、自主监督、自主调控，并不断与教师和其他相同兴趣、特长的学生进行交流和互动，从而不断学习、不断提高，进而促进终身体育学习的发展。

体育慕课教学模式蕴含着丰富的开放式教育资源，有利于学生随时随地进行学习，有利于优化学生获取知识的途径。慕课课程资源具有优质性的特点，这些优质的课程资源有利于吸引更多的学习者来平台注册学习。

3. 慕课优化整合体育教学资源

"过去普通学校的人才培养质量和名校之间的差距还是较为明显的，但是慕课这一教学形式的出现使得普通学校和名校站在了同一起跑线上。"[1] 将慕课融入体育教学模式中，有利于教学资源的丰富和优化。基于慕课的体育教学模式不会固守体育教学风格和专业设置，而是充分利用信息技术和互联网技术，集多人、多校优质教学资源于一体。同时，慕课平台上的教学资源

---

[1] 李芳，尹龙，沈焯领. 挑战与机遇：慕课对大学体育教学的启示[J]. 体育科研，2015，36（05）：102.

在内容上具有开放性、在管理上具有智能性。基于慕课的体育教育模式弥补了传统体育教学模式的不足,在体育教学中发挥着重要的作用。

无论是学校体育教学理论知识,还是其他形式的教学理论知识,都是枯燥的,难以激发学生的学习兴趣,而体育慕课教学模式充分利用信息技术、云计算技术、大数据技术等先进的信息技术,将枯燥、艰涩的体育理论知识以信息化的形式呈现出来。这种信息化的形式避免了理论知识的艰涩难懂,从而使体育教学更加鲜活。体育慕课教学视频可以在一个十分钟左右的课程中集中讲解某一体育技术问题或者体育理论知识,还可以在教学中设置一些师生互动活动,这种互动性的活动有利于激发学生学习体育的兴趣。

4. 慕课缓解体育教学师资压力

随着学校的不断扩招,学生人数在不断增加,教学任务也在不断增加,体育师资已无法满足当前学校体育教学环绕学生的需求。体育教师面临着繁重的教学压力,同时体育师资力量不足的问题日益凸显。

慕课应用于体育教学中,能够有效解决体育师资力量不足的问题,也能够缓解体育教师的教学压力。教师可以通过慕课平台上的相关数据了解学生的学习情况以及教学质量和教学效果。教师借助慕课平台来获得反馈信息,这样教师可以有更多的精力进行教学设计、方案规划、活动组织、课后辅导等。

慕课平台主要以信息技术和互联网技术为载体,集多种开放性、优质性教学资源于一体。基于慕课的体育教学打破了传统教学空间的限制,不需要硬件投入。世界范围内的学习者可以根据自己的兴趣和爱好选择资源和内容进行学习。同时,慕课平台上的教学资源也可以无限制地被学习者使用,这样不仅提高了体育课程资源的利用率,还降低了体育课程资源开发的成本。由此可见,慕课融入体育教学能够在很大程度上节约体育教育成本。

5. 慕课培养学生的自主意识

随着信息技术的发展,体育慕课教学模式可以有效解决传统教学模式中存在的各种问题,具体如下:

(1)体育慕课教学模式有利于学生形成清晰的动作概念。体育慕课教学模式可以将一些连贯的、复杂的动作制作成短视频,并通过图片、文字、声音、图像等方式将这些连贯的、复杂的动作呈现出来。学生可以通过短视频更加直观地学习这些复杂的动作。具体而言,学生可以根据自己的实际学习情况控制观看短视频的进度。当遇到某一难理解的动作时,学生可以利用短视频的暂停、回放等功能来对这些动作进行回看。这样有利于学生形成清晰的动作概念，正确理解动作要领，全面地学习和掌握体育运动动作。

（2）体育慕课教学模式有利于学生一对一在线学习。慕课的主要特征之一就是大规模性，同一课堂上学习的人数达到数百万。但是体育慕课教学模式强调在线学习，这些数百万的人都在慕课平台上进行在线学习。实际上，这种在线学习很大程度上是一对一学习，这样有利于学生的自主学习，有利于弥补大班授课的不足，也有利于对学生的学习进行监督和管理。

（3）体育慕课教学模式打破了传统教学模式受时间和空间的限制。体育慕课教学模式不受时间和空间的限制，也不受光线、天气等其他因素的制约，学生可以随时随地进行学习。

由此可见，传统体育教学模式容易受外在环境的影响和制约，这在很大程度上影响了体育教学质量和效率的提高。而体育慕课教学模式避免了这些外在环境因素的影响，可以不受时空的限制，有利于提升体育教学的质量和效率。

（二）慕课的运用要点

1. 转变体育教学的模式

（1）由单一办学主体向国际化联盟式办学主体转变。传统学校办学模式比较单一，绝大多数都是由单一办学主体办学。而随着慕课在学校教育教学中的应用，学校办学模式也逐渐向多个学校联盟办学的模式转变。

慕课是信息化时代发展的产物，突破了传统模式的束缚。众多慕课平台的出现，并不是单一学校独自开发的结果，而是多个学校及多个优秀教育专家联合共同开发和建设的结果。可见，传统的单一办学模式并不能适应当今信息化时代的发展。如果学校不及时转变办学观念，就会被时代所淘汰，也不利于国际化人才的培养。因此，学校应该意识到慕课平台建设需要国际化视野，并在具体实践中，充分吸收世界各国的优秀办学经验，改变单一的办学模式，将办学视野扩大到国际范围，从而实现国际化联盟式办学模式。

（2）由个体学习模式向团队学习与个性学习相结合模式转变。在传统体育教学中，学生的学习模式是被动的、单一化的，不利于学生团队学习，也不利于学生个性化发展。要想改变传统的个体化学习模式，学校应该将慕课应用于教学中，充分发挥慕课教学的优势，创新教学方法和策略，开发丰富的学习资源，提倡学生间、师生间、群体间、国家间的大规模集成化学习。

同时，学校还应该采取多种手段和策略来鼓励和引导学生发展个性，从而真正实现学习模式的团队学习和个体化学习。

2. 加大慕课的宣传力度

加大慕课宣传的方法主要有利用在线平台、学校平台、教师等。除此之外，慕课平台还应该借助自我营销的方式，吸引更多的人注册慕课进行学习。

在加大慕课宣传力度的同时，还应该注重慕课中优质资源的共享，从而使世界上更多的学习者能够根据自己的特长、兴趣，科学选择适合自己的课程，以满足自己的学习需求。

总之，加大宣传力度有利于更多的人了解慕课。学习者使用慕课，有利于促进优质资源共享，促进教育的国际化发展，实现教育的公平性。

3. 制作优质的特色课程

在体育慕课教学中，学校要注重顶尖团队的培养，从多个层面打造体育核心课程，并充分利用慕课平台实现体育资源的全球共享，从而吸引世界上更多的学习者进行体育特色课程和优质课程的学习。

除此之外，学校还要注重体育非核心课程建设。这是当今时代一专多能人才培养的要求。因此，我国学校应该充分利用慕课这一信息化平台，将世界上优质的体育课程资源融入本校慕课平台，这样有利于拓展学生学习的范围，有利于激发学生学习的兴趣，提高学生的自主学习能力，从而为一专多能人才的培养奠定基础。

4. 丰富慕课课程的资源

（1）慕课的质量对教学效果有很大的影响。虽然我国对慕课的质量没有制定严格的标准，但是慕课的质量对教育质量有直接的影响。这就要求各个学校必须制作出非常优质的慕课视频，从而提升体育教学的质量。因此，政府、学校、企业等需要制定出一套慕课的质量标准，从而提升慕课质量。教师是慕课资源开发与利用中的重要参与者，能将慕课教学的作用发挥到极致。因此，学校在进行慕课资源开发时不仅要积极引入高质量资源，还要重视教师在资源开发中的作用，鼓励教师与时俱进，把慕课教学模式引入体育课堂，以提高教学效率。

在具体的课堂实施中，教师可以将慕课与体育教学灵活地结合起来，这样慕课就以一个新的、学生更能接受的形式进入体育课堂，同时还有利于调动学生学习的积极性。慕课内容的载体形式是视频，这就要求体育教师在具备扎实的专业知识之外，还要具备一定的信息技术能力，并能制作短视频。慕课视频要建立一套完整的制作、审核、评价机制，从而制作出一套质量优质的视频。

（2）学校实施慕课教学也是为了满足个性化教学的需求。因此，在制作慕课视频时，教师要充分考虑学生的需求，打造出可以满足不同学习者需求的多层次慕课课程。一些一流学校的学生具有较高的认知能力，适合使用一些难度较高的慕课视频；而对于认知能力不那么强的普通学生来说，就需要使用一些难度较低的慕课视频。当然，为了建设更高水平的慕课课程，学校可以引进国外的优质慕课资源，从而结合学校的教学实际情况，形成自己特色的慕课教学资源。

5. 开发体育类精品课程

（1）学校、教师、学生等要多方宣传与推广运用体育类国家精品开放课程。由于我国体育类方面的精品课程较少，学习的人数也较少，因此，体育类精品视频课程播放量较少。为了使更多教师和学生获得精品课程的好处，学校、教师和学生应该尽可能地通过多种手段宣传精品课程，从而发挥精品课程的最大价值。

（2）完善体育类国家精品资源共享课中体育专业课程的建设。体育类国家精品课程仍然存在一些不足，只有少数的体育课程建设成为精品课程，而一些体育与其他学科结合的课程还没有建设完善。各个学校还要对慕课与传统体育结合的课程加强建设，申报一些精品课程建设项目，从而不断完善体育专业课中的精品课程资源。

（3）改善体育类国家精品开放课的视频内容，加强课程视频的后期制作。体育类国家精品课程是十分优质的课程，但也存在一些有待完善的地方，例如，将视频内容的知识点进行展示，并且加入不同动作的示范画面。在视频的后期制作上，还有一些有待完善的地方。另外，在视频上还可以将重点内容进行着重提示，使学习者在遇到重点时可以集中注意力学习。

（4）开发体育类国家精品开放课程平台的多元化功能。体育类国家精品课程的平台还有一些调整的地方，在平台上可以增加一些答疑解惑的版面以及师生交流的模块。这样可以使学生在遇到不懂的问题时及时向教师咨询，并且学生之间也可以就视频内容互相进行探讨。另外，精品课程平台的开发者还需要设置一个建议模块,让使用这个平台的人有好的建议提交上去,从而使平台不断完善。

6. 改革慕课的教学手段

由于慕课是开放性很强的一种教学方式,因此慕课教学也有着比较多的选择性。慕课平台在互联网上不受国界的限制,可以很好地将课程共享给世界各地的人。世界各地的人也可以将慕课视频上传到慕课平台,使得慕课平台上的课程资源越来越多。教师可以从慕课平台上找到同一个知识点的很多个慕课视频,从中选择适合自己的慕课资源,然后分享给自己的学生。

教学方法对教学效果的影响非常大,因此,为了保证教学效果,体育教师可以适当调整教学方法。教学方法使用恰当,可以充分激发起学生的学习兴趣,调动学生学习的积极性和主动性,从而使学生更好地将知识内化。慕课教学模式就是很好的一种教学方式,学校体育教学可以充分借鉴这种教学模式,从而提高体育教学的效果。

三、高中体育慕课教学交互设计与运行策略

教学交互是远程教育永恒的核心议题,尤其是在教育信息化加持下的慕课。慕课的特性决定了其平台搭建的取向,学习者、教师、课程资源和教学媒介共同构成了交互系统,演化出师生交互、生生交互、学习者与平台、学习者与内容四种具体的形态。自慕课的创建伊始便与交互构成了相辅相成、互利共生的辩证关系,慕课的搭建决定交互的走向,课程交互的情况也会反应在慕课平台交互设计的取向上,正确看待两者的关系是研究的起点。

(一)慕课与交互活动的关系

1. 慕课的建设情况决定交互活动的形式

(1)慕课平台的交互设计和硬件基础都决定了交互活动的形式、规模、程度。笔者借助在线民族志及录像观察法等手段,通过对中国大学 MOOC、学堂在线、慕课中国在内的主流大规模在线开放课程平台的观察,发现当前我国慕课平台的交互设计具有一定的趋同性,在板块设计方面都包括课程课件、课程讨论区、留言评价、作业反馈区等几个主要板块。在这些交互设计上的趋同性也就直接导致了当前我国主流慕课平台交互形式具有显著的相似性,大部分的交互集中于讨论板块中的学生主题帖中和教师答疑帖中。

（2）慕课课程资源决定了交互的需求程度。回归到慕课课程资源本身，不同的课程类型教学资源所带来的交互情况是带有显著的差异性的。例如，自主学习类课程交互情况相较于研究探索性课程所带来的交互热度偏低，课堂主题讨论和教师答疑板块相较于探索性课程偏于冷清。学校向慕课平台提供课程教学资源都带有自身的考量，基础认知类课程相较于带有实践性的建构课程对于交互需求的程度是不同的，不同慕课课程资源教学目标的达成对于交互的需求程度是不尽相同的，也就决定了课程资源本身对于交互活动必要性的决定程度。

2. 交互的演变催生慕课教学生态的进化成长

交互对于慕课教学生态发展的影响是常态持续的。不同于慕课在建设之初即对交互活动就有着决定性影响，交互对于慕课的反作用具有一定的滞后性，需要经过一定时间的累计，尤其反应在对教学生态的影响上。慕课的建构是持续动态发展的过程，早期的慕课教学形态只是单纯的教学课件和简单的课程反馈板块，并无有效的交互设计。随着优化交互设计在慕课建设中的呼声越来越高，慕课平台开始逐渐丰富交互设计，从最初的课堂讨论板块到增设分类的教师答疑板块及主题帖板块，从最初的封闭学习空间到连接社交软件增设线下讨论群等，这些变化都来自课程进行中交互需求的不断演变和强化。

慕课建设过程教学生态的不断改良体现了交互影响慕课教学资源的设计和安排。远程教育的教育理念即打破时空界限创造学习共同体，学生与教学资源的有效交互至关重要。学校在编排慕课课程资源时普遍将有效交互放在了重要的位置，课程本身内容是否符合学生与教学内容交互、课程与课程之间内在的联结，逻辑衔接是否符合学生与教学内容交互的规律，课程资源设计是否能激起学生的主动关注并发起交互的兴趣等因素都是学校在编排课程时必要的考量。在慕课平台教学生态不断优化的前提下，交互活动发展水平的不断提高对学校所提供的课程资源也提出了新的要求。交互的发展情况对于慕课课程资源的发展具有的导向性影响，对整个教学生态的进化具有决定性意义。

（二）慕课教学交互系统的构成要素

学校体育慕课教学交互系统是一个多层次、多维度的构成。按照系统科学的方法，在研究过程中，往往把这个复杂过程的系统分解为若干个组成要素，然后根据系统的主要特征、主要关系来构建学校体育慕课教学的交互系统。交互是学校体育慕课教与学的中心环节，远程教学中学习行为和教学行为都是通过交互来实现的，因此，可以通过学校体育慕课教学各要素之间的交互来构建完整的学校体育慕课教学交互系统。该系统的功能是在远程学习过程中，通过各种相互交流和相互作用，改变学习者，从而实现教学目标，最终达到学习者获得知识的目的。在整个学校慕课体育教学中，教学交互系统运行状态的优良有效程度是直教学目标能否实现的关键。

交互在学习者通过慕课学习的过程中扮演着重要的角色，是学习过程的基本功能属性，是教学过程的基本功能和属性，是真正促进有效学习的关键，也是学习者通过慕课学习成败的关键。分析研究学校体育慕课教学交互系统的组成要素，对揭示学校体育慕课教学交互的内在规律、发生过程，进而提高慕课教学交互的质量和水平，促进真正学习的发生具有十分重要的作用。学校体育慕课教学交互过程其实就是学习者与远程学习支持媒介平台、学习者之间的会话过程，不仅包括学习资源、周围环境等向学习者传递信息的过程，而且还包括学习者内部的信息加工处理及知识构建过程，以及与专业知识无关的诸如情感信息的传递过程。通过文献研究及归纳整理，将学校体育慕课教学交互系统构成要素概括为学习者、教师、课程资源、教学媒介。

1. 学习者

学习者是慕课教学活动的主体，是整个教学活动的接收者和反馈者，扮演着至关重要的角色。学习者对于课程的兴趣程度、个体差异性及其在交互过程中的投入程度都将直接影响交互质量，不同学习主体在慕课交互学习过程中表现出明显的差异。不同于传统教学模式交互活动中学习者所受到的种种限制，在慕课这种教学模式下学习者通常带有相对的自由性，对于慕课教学活动中交互行为的发起和接收带有一定程度的自主选择性。相较于传统教学模式，在慕课教学模式下的学习者有更为明确的主体地位。

在慕课的交互系统中，学习者所扮演的角色通常是多重的。选择参与慕课的本身意愿、动机等在学习者个体间存在明显的差异，对于交互活动参与程度是不同的。当学习者来自慕课课程所归属的专业或是出于学分认证的需求时，交互是成绩构成的一部分，那么学习者通常会在交互活动中扮演一个活跃的发起者和参与者的角色。而当学习者对于参与该慕课的动机水平不高或缺少来自外界的束缚时，则学习者通常在交互活动中所扮演的角色不会那么活跃。在慕课的交互活动中，学习者的属性不同，参与慕课交互的角色定位也是不同的。

2. 教师

教师是慕课教学活动的指导者和帮助者，教师的专业知识、敬业精神、对学习者的关注程度等都会影响远程教学中学习者的学习热情。教师在整个在线远程教学中，除了为学习者提供专业知识的解答和帮助外，还必须为学生的个性化需求提供帮助，在学生遇到专业知识之外的问题或困难时，能提供关心或帮助，且这种关心或帮助必须贯穿整个学习过程。此外，远程学习者的主动性、学习的自控能力等需要在教师的持续关心和鼓励下才能有效保持。

不同于传统教学模式教师在教学交互中承担的绝对主导地位，在慕课的交互活动中，授课教师所承担的交互比重相对较轻。一方面，在远程教育时空分离的前提下，相较于传统的教学模式，在慕课中，教师对于学生的控制力是明显降低的，课堂外的交互活动通常带有极大的不可控性；另一方面，慕课当前更多的是作为传统教学模式的一种有机补充，授课教师相对于参与教学活动交互行为的学生更多的是扮演一个引导者的角色。

3. 课程资源

课程资源是构成慕课教学至关重要的部分，直接决定了教学质量和教学目标的达成。课程资源包含了课程的主要要素以及实施课程教学的必需条件。区别于传统教学模式将课程资源划分为校内课程资源和校外课程资源，慕课中的课程资源通常带有一定的自由度，由慕课平台和授课教师所选定。授课的在线课件及课后的扩展延伸学习资料为主要形式。

学习者与学习内容的交互在整个教学交互活动中占有很大的比重，在慕课这种教学模式下的交互活动中课程资源所担任的角色较为活泛。传统的课堂教学对于课程资源的选定通常由相关教师划定范围，而在慕课平台上对于课程资源的设置自主选择性大大加强。除课程本身的相关课件等，在课外的交互活动中对于慕课的课程资源有一定的扩展。

4. 教学媒介

慕课的交互离不开教学媒介的支持，在学校体育课教学活动过程中，学习者要获得有效的学习结果，必须通过软件或其他网络媒体来实现。学习者与媒体平台的交互质量，会影响学习者对于整个交互活动的自我代入程度，当学习者操作某种熟悉的媒体进行学习时，通常会在很大程度上淡化远程教育模式教学交互所带来的疏离感。但是，当学习者通过操作某种较为复杂的媒体进行学习时，就会相应降低其认知水平，阻碍其更好地参与交互活动。媒介交互的最高境界是感觉不到媒介的存在，教学媒介从广义来说可以分类为学习支持组织和信息介质。

（1）学习支持组织主要是指远程教学组织和慕课教学的支持服务机构。在慕课教学实施之前，组织建立有力的慕课教学服务保障体系及远程教学实施的管理制度是顺利开展慕课教学的关键。学习支持组织在整个慕课教学的始终除了执行整个系统的管理之外，主要是发挥协调和监控的作用。

学习支持者组织主要有两类工作人员来支持慕课平台的运转：第一类是专业技术人员，平台需要专业的人员进行设计维护，为系统提供技术支持；第二类是平台运行系统，主要是对课程进行安排管理。虽然这两类构成并不存在直接明显的交互，但是通过媒介平台的设计平台、课程计划、功能安排等会与学习者发生间接的交互。硬件设备主要是指教师教学所持的教学工具和学生所持的学习工具，例如智能手机、计算机、平板等。

（2）信息介质是指学习者在与教师、学习内容等的交互过程中，以某种方式表现出来的，能导致学习者原有认知发生变化的有意义的信息介质，如弹幕语言、讨论功能区文字，课后反馈，甚至情感和态度表现等。这个要素是学习者内部交互得以发生的关键。情感要素是学校体育慕课教学交互中常被人们所忽略的一个因素。态度是影响个人选择行动的内部状态。一个人对某件事情态度强烈的程度，往往是由他在各种不同情况下选择这种事情的频率决定的。现代学校体育慕课教育手段使得教师和学生能够跨越时空进行实时或非实时的教学交互，这是现代远程教育的优势所在，但对于学习者的情感要素来说，又是在线远程教育的缺点所在，也是在现有交互技术水平上比较难以把握的一个要素。

作为远程教育在新时代信息化背景下发展起来的一种新型教学模式，慕课在学校教育的土壤上迅速成长，逐渐成为传统教学模式外一种有利的补充。慕课不仅对远程教育传统的教学时空分离特征进行了传承，还在教学改革中与传统教学模式不断融合并演变出新的教学形态，其特质也不断丰富和扩展。对慕课的特质进行分析，可以帮助我们更好地理解时下推行这种教育模式的必要性。

（三）慕课教学交互活动的形态

1. 学习者与教师交互

无论是传统的教学模式还是教育信息化背景下新型的在线教学模式，学习者与教师的交互都是最为高效的交互形态，在整个慕课交互体系中具有无可取代的地位。学习者与教师的交互主要为课堂答疑和情感引导，具有极高的针对性。主流慕课平台如学堂在线和中国大学MOOC都设立了专门的教师答疑板块，除此之外，对教师参与主题帖的互动都专门做了教师标识，慕课平台上对于学习者与教师的交互这一交互形态的构建都较为重视。

学习者与教师交互多为双向交互，由同步交互和异步交互组成，受限于技术因素，当前学习者与教师的交互仍以异步交互为主，即教师在答疑板块或者是讨论板块答疑、发布教学信息或与学生进行其他交流活动。当前慕课交互构建的趋势是如何最大限度地规避技术因素的限制，尽可能地将视频会议、同步课程等形式引入学习者与教师的交互形态中来，缩短两者之间交互的延滞性，提高交互效率。伴随着科学技术的飞速进步，越来越多元的媒介进入慕课平台中，同步交互将逐渐成为学习者与教师交互的主要形式。

2. 学习者与学习者交互

学习者作为慕课教学活动的主体，在整个慕课交互体系的构建中扮演了最为重要的角色。通过对中国大学MOOC、慕课中国、学堂在线等主流慕课平台的观察可知，慕课教学活动中大多数的交互行为都集中于课堂讨论板块、答疑板块和留言板块，而这些主要交流板块中学习者与学习者之间的互动毫无疑问是中坚力量，学习者与学习者的交互在几种交互形态中的热度指数相应地也是最高的，同时在其表现形式上也是最为明显的。在慕课交互构建中对于学习者与学习者交互的建设形态可以归纳为线上认知性交互和线下的社会性交互。

学习者与学习者交互形态的构建的实质为网络虚拟社区的建设，课堂讨论板块、答疑板块和留言互动板块都为学习者与学习者进行线上的交流互动提供了载体。学习者主要通过发帖、回帖、留言等形式与其他学习者进行互动和交流。在线上交互中，学习者与学习者的交互通常围绕该课程主题内容和延伸内容展开，即学习者群体间对于学习相关内容认知的互换。

学习者之间的线上交互主要以学习认知互动为主，而线下的社会性交互则更偏重情感互动。在远程教育模式下，学习者都是相对的独立的个体，在各自的封闭空间内难免会产生孤独感，而学习者与学习者借由慕课平台本附带或延伸的媒介工具，如社交软件讨论群，通过交流互动能够建立一定的情感连接。学习者与学习者之间的交互不仅包括线上认知性交互，还包括线上的社会性交互，这种交互形态的构建对于虚拟社区的建设，以及学习共同体的构造具有重要意义。

3. 学习者与平台交互

在远程教育的交互构建体系中，学习者与平台的交互始终处于最基础的层次。交互平台即受众与平台进行信息互换所必经的通道，受众通过指定窗口向平台发出指令输入信息，平台执行相应指令返回信息，完成互换和二次加工。平台交互是维持其他三类交互形态的载体，无论是教师通过答疑区回复学习者的疑问，还是学习者与学习者在讨论区发帖、回帖进行认知交换，抑或是学习者通过音视频材料、流媒体等资源与学习内容进行交互，都需要平台的交互给予必要的支持。科学、高效的交互平台设计是维持整个交互系统正常运转的基础。

学习者与平台的交互在当前慕课交互体系中主要分为以下两类：

（1）直接操作用户平台。慕课特色的导航设计能够帮助受众快速定位自己所需，特征明显板块化的分别放置，服务于对于传统课堂的网络虚拟性再现体系，课件区放置多媒体课件学习资源供学生自主选择，相应的配套课堂讨论区、教师答疑区和公告板供学习者之间及与教师完成交互，这些设计都是服务于虚拟主体性的构建，在二维空间中完成对于课堂的重构。虚拟课堂的交互平台模拟设计构成了慕课平台交互的最核心环节，这种基础设计模式也被当前大多数主流慕课平台所采用。

（2）间接与其他平台交互。与其他平台交互在虚拟课堂设计之外的延伸，如对社交软件的绑定和第三方平台的连接，学生在慕课平台完成学习讨论之外还可以走向更多元的交流模式。

从两种类型来看学习者与平台的交互是保障受众之间认知性交互以及更广泛的社会性交互的物质基础，对整个慕课交互体系构建具有重要意义。

4. 学习者与学习内容交互

学习内容即慕课教学活动中所涉及的一切学习材料和资源，在大规模在线开放课程这种教育形式中学习内容无疑扮演着极为重要的角色，学习者与学习内容的交互程度直接影响着教学目标的有效达成程度。在远程教育的初始阶段，学习者与学习内容的交互仅仅简单局限于来自授课机构邮寄的印刷材料，学习者与学习内容的交互是单向且反馈延迟性极高。随着媒介技术的发展，广播、电视进入大众视野，远程教育的学习资料也由纸质进化为音频资料。慕课作为远程教育在新时代教育信息化背景下的产物，其学习内容的广度和深度也有了一定程度的进化，相应地也催生出慕课中学习者与学习内容交互的新形态。

在慕课教学活动中，学习者通过对学习资源传递的信息建构自我认知，完成对学习内容的吸收，学习内容的提供者根据学习者提供的反馈信息做出相应的调整，以此完成对于学习内容的双向交互。在当前慕课交互构建中，通常将学习者与学习内容划分为以下两类：

（1）学习者与学习内容的隐性交互体系，即学习者与隐性学习资源的交互活动。在慕课平台上，录音、视频及附带的印刷资料都可以归入为这一体系中，学习者通过与这些隐性学习内容的交互建立概念性的认知，隐性教学内容所附带的交互属性相对微弱，导致在这类交互体系下学习者与学习内容的交互指数较低，主要服务于学习者概念性的认知。

（2）在显性教学资源中学习者与学习内容的交互体系，在慕课的教学活动中，表征最为明显的显性教学资源即为具备信息多重加工属性的计算机课件。显性教学资源带有信息的复合化处理，学习者在与学习内容交互中不仅可以建立相应的概念性认知，除此之外还可以进行再加工。显性资源所附带的显性交互功能也带来了相当程度的干扰性，这也是构建学习者与学习内容交互形态时所需警惕的重点。

第二节　互联网背景下高中体育微课教学创新

一、微课的类型

"微课"是一个缩写词，它的中文全称就是"微型视频网络课程"。微课兴起的时间并不是很早，大约在20世纪末微课才开始在世界各国的范围内流传并被学校应用。微课是一种全新的教学理念，发展十分迅速，深受学习者的喜爱。"体育微课主题突出、目标明确、短小精悍，以视频为表现形式的性质特点能满足学生体育学习的个性化需求。"[1]

微课，即微信视频课程，在教学中的呈现方式主要是教学视频。在实际的微课教学中，教师通常都会围绕一定的知识点展开讨论，结合微课视频开展一系列的教学活动。从广义的视角进行分析，"微课"就是一种解说或者一种演示，这种演说或者演示是围绕某个主题的知识点展开的。同时，微课视频通常都比较简短，因而人们可以突破时空的限制，利用微课开展碎片化的学习，学习者的主要学习形式就是在线学习；从狭义的视角进行分析，"微课"设计的主要目的就是为了满足学生的实际学习需求，"微课"是以微课视频为主要载体的信息化教学活动。每个学生都是独立的个体，学生个体之间存在个体差异，因而微课能够使学生根据自身情况开展学习，能够实现学习的个性化。需要强调的是，"微课"和"微视频"是两个不同的概念，二者之间有一定的差异。具体分析而言，微课包含很多部分，如微视频、微课件、微练习等，可以说，微视频是微课的一部分，但并不是微课的全部。

微课的类型划分并没有唯一的标准。按照不同的标准，微课可以有不同的分类方法，每种分类方法又可以划分出不同的微课类型。

（一）按照用户与主要功能划分

按照用户与主要功能进行划分，微课主要有以下类型：

1. 学生学习微课

学生学习微课主要的用户是学生，一般是通过录屏软件来录制的，将各学科的知识点的讲解录制下来，每个知识点大概在十分钟以内。学生可以根据自己的学习情况，选择自己需要的微课视频来学习。这类微课是翻转课堂教学的重要组成部分，是微课建设的主流方向。

2. 教师发展微课

教师发展微课主要的用户是教师，这种微课包含的主要内容是教学理念、教学方法、教学评价机制等，主要是针对教师的教学技能进行培训，这也是教师设计教学任务的模板。教师发展微课用于教育研究活动、学校教师培训、

---

[1] 邱伯聪. 体育微课的质性、制作与建议[J]. 教学与管理，2015（34）：57.

教师网络研修等，可以提升教师的教育教学能力，改善教师的工作方式，促进教师的专业发展。

（二）按照教学目的方向划分

从教学目的方向进行划分，微课主要有以下类型：

1. 讲述型微课

讲述型微课是一种通过口头传输的方式来教学的微课类型，教师在课堂上主要对重点和难点知识进行讲述。

2. 解题型微课

解题型微课是通过对一些典型的例题进行解析，对其中的知识点进行教学的类型。

3. 答疑型微课

答疑型微课是通过对学科中存在的一些疑点进行分析，然后获得答案来进行授课的类型。

4. 实验型微课

实验型微课对自然学科比较适用，例如生物、化学、物理等学科，可以通过实验步骤来学习其中的知识。

（三）按照录制方式划分

按照录制方式进行划分，微课主要有以下类型：

1. 摄制型微课

摄制型微课是通过电子设备如录像机、摄像机等来录制课件的方式，可以将课堂上教师讲解的一些知识摄制下来，形成教学视频。

2. 录屏型微课

录屏型微课是通过使用录屏软件来录制微课视频的一种方式，如可以使用PPT、Word、画图工具软件等将教学内容整理出来，然后在计算机上讲解，在讲解的同时使用计算机上的录屏设备进行录制，可以将声音、文字、图画等内容收录进来，经过进一步制作之后就形成了微课视频。

3. 软件合成式微课

软件合成式微课是指事先制作好教学视频和图画，然后根据微课的设计脚本，导入不同的内容，通过重组形成一个完整且系统的微课视频。

4. 混合式微课

混合式微课包含以上几种类型，将之混合使用就成了混合式微课。

上述提及的微课视频类型都是初级的资料，要成为可以教学的视频还需要通过后期制作。

二、微课的特征

微课是一种新的教学方式，与传统的教学方式相比，具有很多显著的特征，其显著的特征主要包括：

（一）主题明确

教师在教学实践中应用微课的主要目的就是为了解决很多传统教学模式在课堂上无法解决的教学难题。例如，教学的知识点复杂且缺乏一定的逻辑性、教学的重点和难点不突出等问题。

在一般情况下，教师在制作微课视频时，都已经有了明确的主题。一般教师制作的微课都是围绕着教学中的重点知识或者难点知识展开的，这样微课教学就能够有鲜明的主题，也能够易于学生的理解，帮助学生厘清学习的思路，使学生轻松地掌握教学中的知识点。

（二）弹性便捷

在我国传统的教学模式中，课堂教学时间一般都是固定的，即每节课一般规定为 45 分钟。在微课教学中，微课视频的时间一般都比较短，只有五至十分钟的时间，因而年龄比较小的学生在学习微课视频时比较容易集中注意力，不容易分心，而且这些短小的视频也很容易吸引学生的注意力，激发学生的学习兴趣。此外，微课的资源易于下载和储存，学生只需要携带移动设备就可以随时随地开展学习活动，非常便捷，具有极大的灵活性。

（三）共享交流

在互联网时代，互联网为人们的生活提供了很多便利，它的显著优点就是可以实现资源的共享。由于微课教学依托于先进的互联网技术，因而微课还有一个显著的特点，那就是微课可以实现资源的共享。

微课还可以为教师和学生提供一个在线信息交流的平台，当教学结束之后，教师可以把相关的教学视频资料上传到互联网上，以便供其他教师以及学生学习和借鉴。这有利于教师之间的切磋和学习，促进教师专业发展。

（四）多元真实

微课的多元特点主要是指微课的资源形式非常丰富，不仅包括视频形式的微课资源，还包括微教案、微课件等教学资源，教学资源的形式是非常多样化的。与我国传统的课堂教学模式相比较，微课这种多样化的教学资源可以提升学生的学习兴趣，使教师的教学更加精彩。在日常的教学实践中，无论是教师还是学生，他们在利用微课资源时都能够从中学习很多东西。

对于学生而言，学生在利用微课学习时，可以利用相应的微练习来对已经学习过的知识进行练习和巩固，还可以利用相应的微反馈来检查自己的学习效果，并查看错误题目的答案，巩固自己的知识。这个过程可以大幅度提升每位学生的思维能力，使学生对自己的学习能力有更加清晰的认识。

对于教师而言，教师在制作微课的过程中可以学习很多微课制作技巧，升华自身的教学技巧等，这个锻炼的过程也有利于教师的专业发展。微课的真实性特点主要是指微课在设计时都会选择真实的场景，从而使教师把微课和传统课堂教学结合起来。具体分析而言，教师在选择微课的场景时通常都会选择与所学专业相关的场景，如教师通常会选择学校的体育馆等场所来录制与体育教学相关的微课视频，又如教师通常会选择专业的化学实验室等场所来录制与化学教学相关的微课视频资源，这样能够体现出微课的真实性。

（五）实践生动

前四个方面的特点使得微课受到社会各界人士的好评，对于一线教师来说更是如此。由于微课开发的主体是广大一线教师，加之微课开发的本身就是以学校的教学资源、教师的教学与学生的学习为基础的，越来越多的学校通过微课这种新的学习方式进行探索研究，挖掘本校的微课建设，具有很强的实践性。在实践的过程中，需要注意微课的表达方式，生动活泼不仅体现在精美的画面、动听的音乐和明确的主题上，还体现在精心设计的流程及其相应的互动方式上。

三、体育微课教学模式的设计构建

（一）体育微课教学模式的设计流程与要求

1. 微课教学模式的设计流程

"基于信息化时代的体育微课设计与制作，为分析和解决主动地'教'和自主地'学'提供新的研究思路"[①]，在设计微课的时候，教师需要对学生进行细致的分析，在仔细斟酌的基础上选择微课的内容，充分考虑学生的实际学习需求，对课堂的主题进行细化处理，根据需求合理地选择各种教学媒体和软件。设计好微课之后，教师可以在互联网或者课堂上试用，根据试用的效果对微课进行优化调整，从而使其更加符合实际的教学需求。微课设计模式主要包括以下内容：

（1）明确目标。每一门课程都有其具体的教学目标，体育教学自然也不例外。体育微课的设计要根据教学目标的要求对重点和难点进行合理的设计。在此基础上，紧紧围绕教学目标对具体的教学过程进行设计。需要注意的是，学习目标的设定应当在充分考虑学生的基础上进行，这样才能使目标更加具有针对性。

（2）学生分析。例如，学生学习方面有何特点、学习方法怎样、习惯怎样、兴趣如何、成绩如何等，将学生的各种情况充分考虑在内，尽量使微课的设计具体到每一个细小的环节，以满足学生的多元化需求。

（3）学习内容分析。教师应对知识之间的关系进行细致的梳理，可以在教学内容之后设计一些具体的练习，以便及时把握学生的学习情况，从而获知学生微课学习中的重点和难点。在体育微课学习中，知识点是相对完整的学习内容，也是课程目标之下最小的知识单元，某一个概念或者某一个动作要点都属于一个相对独立、完整的知识点。

（4）选择学习策略。在进行体育微课设计时，教师要重视学生的主体地位，根据具体的学习内容及学生的实际需求选择适当的教学方法。这对于学生更好地掌握学习内容是至关重要的。

（5）课程资源开发。微课作为一种新兴的教学形式，具有非常强的开放

[①] 肖威，肖博文. 体育类微课设计流程与制作方法 [J]. 体育学刊，2017，24（02）：102.

性与互动性，其资源也不局限于传统的教材与课本，而是多元化的，因此，在对微课资源进行开发时，要充分利用互联网的优势，注重资源的多元化。

（6）学习活动设计。微课的时间虽然比较有限，但是其内容是完整的。微课包括多个教学环节，每一教学活动的设计都要以学生的实际学习情况为前提，辅之以教师的指导，在各种学习活动中不断推动学生学习能力的提升。

（7）评价设计。微课教学评价的设计主要是为了了解微课最终所实现的学习目标是否同预期的一致。在进行评价设计时，教师要注意评价的多样性与全面性。

（8）微课在学习活动中实施与评价反馈。微课在具体实施过程中的开展情况以及最终所实现的效果，都能够为微课的进一步调整与完善提供有效的依据。

2. 体育微课教学模式的设计要求

当在体育教学中应用微课教学模式时，应当首先对其目标进行明确的定位，并综合考虑多等方面的因素，才能使微课发挥价值。在对体育微课进行设计时，教师应该遵循定向性原则，将体育学科的内涵作为中心，紧紧围绕体育课程的培养目标开展各项工作，重视教学内容的设置，尊重学生的主体地位，使体育微课真正适合学生的需求，发挥原有的价值。

课程的设计往往需要根据学科的教学大纲与教学计划来进行，体育微课作为一种微缩版的课程形式，其设计自然也不例外。微课具有非常强的开放性，并且具备良好的开发潜能，能够使学生在学习中获得更多的自主权，因此微课对于体育教学具有非常重要的意义。

（1）在对体育微课进行设计的时候，要将微课育课堂教学紧密结合在一起。通常来说，体育课上会有体育常规，微课应当重视与体育常规的结合。微课是一种针对性较强的课程形式，其教学内容涉及重点、难点或者是个别知识点的讲解，与体育教学结合在一起，使两者相辅相成，互为补充。每一所学校都有其办学特色，微课的设计应当充分与学校的体育办学特色结合在一起，打造具有特色的体育微课。微课的设计应当尊重学生的主体地位，重视学生主观能动性的发挥，并且充分结合学生的兴趣，向学生展现更丰富的学习内容，从而不断增强体育教学的效果。

（2）体育微课的设计必须将体育学科的定位作为指引，在对微课进行设计的时候，要对各种因素进行充分考虑，如学校对于体育课的标准定位、学校对于学生的培养目标等，否则，会导致微课失去其本身的价值。

（3）在对体育微课进行设计时，教师应当重视体育知识的筛选，将知识点的数量控制在合理的范围之内。微课作为一种新兴的教学形式，顺应了时代的潮流与学校教学的需要，体育微课的设计也应当将满足实际的教学需求作为根本的出发点。体育微课重在对体育教学中的重点、难点进行讲解，具有很强的针对性。但是，这并不是说，在微课中可以随意设置教学内容，而是要在教学内容保持完整与系统的前提下开展微课设计活动。

（4）体育微课的设计不应对一些现成的教学案例进行照搬，而是要重视微课内容的创新性，并且在微课中充分体现体育教学重视学生身体锻炼的教学理念，使学生将体育知识的学习与体育锻炼充分结合在一起，最大限度地发挥体育微课教学的价值。

（二）体育微课教学模式设计的分类

根据体育教学的特点，可以将体育微课划分为体育理论微课和体育实践微课两种类型。

1. 理论课程设计

体育课程的教学是紧紧围绕教学内容展开的，教学活动既包括教师的教，也包括学生的学，是教与学有机统一的双向活动。在体育理论教学中，有三个参与对象，即教师、学生与媒介，教师采用适当的教学方法，辅之以必要的教学媒介，使学生掌握体育理论知识，培养学生良好的体育学习能力与高尚的情操。体育理论的教学既要重视教师的教，也要重视学生的学。教师所开展的教学活动要有一定的目的性与计划性，并重视学生学习活动的反馈。此外，随着社会对人才的要求越来越高，体育理论微课教学也要跟随时代的步伐，不断创新教学内容与教学形式，以满足学生日益增长的学习需求。

（1）合理设计课前教学准备阶段。教师在应用微课教学的过程中，可以结合体育课的实际教学内容，为学生制定体育课堂教学的微课视频，然后发送给学生，让学生自主学习。以篮球课堂教学为例，在课前，教师可以结合本节课学生所要学习的篮球技巧，以及篮球技巧在应用过程中的主要情形、运动原理等，为学生制作微课教学视频，让学生能够在授课之前对本堂体育课的内容有一个简要的了解，进而为课堂教学工作的顺利开展提供便利。

在微课教学视频制作的过程中，教师可以结合一定的教学要求向学生提出问题，使学生能够在自主学习和课前预习的过程中回答问题，提升课前互动的教学效果，这样也能更好地激发学生的学习兴趣。

（2）完善体育课堂中的教学互动环节。在体育课堂教学中应用微课，需要完善体育课堂中的教学互动环节。与其他文化课教学相比，体育课堂教学更加注重实验性与实践性。因此，在微课教学的过程中，教师可以完善教学互动环节，加强师生之间的有效互动交流。比如，教师可以在体育课堂教学期间，结合演示型的微课教学视频，向学生讲解本堂课的教学内容，还可以通过为学生展示运动要领相关的视频，保持学生在课堂学习的注意力，这样也能让学生直观地了解体育学习知识。

同时，教师在讲解体育运动要领和具体体育器具的使用方法时，可以引导学生采用模仿的方式，合理感受体育运动过程中的要领和关键，从而推动师生互动教学的有效发展。在课堂教学环节中，教师也可以通过微课练习法，让学生参与微课体育教学问题的回答和解决，控制与矫正学生的体育动作，并且让学生进行反复练习，使学生正确掌握运动习惯、运动技巧，提升学生的运动技能。此外，在体育课堂教学互动环节中，针对一些健美操体育课、啦啦操体育课，教师可以与学生一起做示范动作、一起学习体育视频中的动作，引导学生参与集体模仿和表演，提升教学效果。

（3）组织体育课后练习活动。在微课教学应用过程中，微课教学方式的设计与实践并非课堂教学结束了，还需要组织学生的课后教学实践活动与评价工作。教师可以为学生制作课后复习与巩固的视频，然后让学生对某些体育技能进行复习和巩固，充分参与课外活动，加强体育锻炼。同时，教师可以结合微课教学模式，为学生设置针对学生体育学习能力和技能考查的课后习题。以篮球课为例，在篮球课的微课教学中，学生需要正确和熟练掌握篮球技巧，加强课外延伸部分。教师还要通过制作微课课后习题的形式，让学生参与篮球技巧的学习和问题回答，帮助学生感受微课教学模式的应用价值，提升体育教学水平。

2. 实践微课设计

由于体育教学有其自身的特点，这就决定了这门课程的教学要将体育实践课的教学作为主体部分，而且体育教学活动也大多是在室外开展的。在体育实践课教学中，教师做出各种动作，学生进行观察，并模仿学习。这一教学过程中，只有教师具备比较高的教学水平与示范水平，才能将各种动作教给学生，并使学生掌握动作的要领。但是，每一位体育教师都有自己所擅长的一面，也必然有不擅长的一面，很多教师在课堂上通常是将自己擅长的动作教给学生，而学生对于其他的内容则知之甚少，这就导致体育教学存在着一定的局限性，长此以往，也会对学生的全面发展产生不良的影响。将微课应用于体育实践微课教学，可以有效地解决这一问题。教师在微课上将各种体育知识与动作全方位地呈现给学生，使学生更加直观地了解到自己所需要学习的内容，这种方式不仅可以激发学生的学习兴趣，而且能够不断推动体育实践课教学质量的提升。

将微课应用于体育实践课教学应当注意以下几个方面的内容：

（1）在选择教学内容的时候，要遵循从浅到深、从易到难的原则，遇到一些知识点或内容需要进行拆分或整合的时候，处理起来应当非常谨慎。

（2）应用微课时，应当充分体现学生的主体地位，注重激发学生的学习积极性与主动性。为了体现出学生的主体作用，教师需要充分考虑学生的实际情况，如学习水平、性格特点等，在此基础上设计出来的微课才能真正满足学生的学习需求，实现促进学生全面发展的目的。

（3）在设计微课的时候，教师要考虑两点：①微课是不是可以对学生的学习起到支持作用。②微课是不是可以帮学生完善知识体系。体育微课的设计必须立足现实的教学情况，根据教学目标的要求以及学校自身的办学特点，有针对性地选择体育项目，使学生既能学会，又能将其用到实践之中。

（4）兴趣是最好的教师，体育微课的设计应当选择能够激发学生兴趣的内容。只有学生产生了兴趣，才能够投入体育学习之中，真正将终身体育的思想融入自己的内心深处，做到活到老、学到老、练到老。

（5）在设计微课的时候，教师应当一切从学生的实际情况出发，将学生自主学习能力与互助学习能力的提升作为教学目标，并且将学生的兴趣特点与社会的需求考虑在内，为学生提供更多的自由选择学习内容、学习时间、学习地点的机会，以促进学生学习效率的提升。

（三）体育微课教学模式的构建原则

1. 适时分解

微课的一个非常显著的特点就是使用方便，不受时间、地点的限制，所以，微课的容量体积自然就小，一节微课中所涵盖的内容量比较少，学完一节课所花费的时间也比较短。然而，这并不是说微课的设计是随意的，相反地，微课同一般的课程一样，具有非常强的整体性与完整性，强调对教学内容进行适时的分解。因此，在进行微课设计的时候，必须遵循适时分解的原则，对具体的学习内容、学习方式和学习环境等内容进行充分的考虑。

2. 聚焦性

在进行微课设计的时候，教师应当重视知识点的选择，将目光聚焦在重点难点或者是考点上，使微课所涵盖的知识点更具有针对性。就体育微课的设计的来说，遵循聚焦性原则是非常重要的，教师应当注重在微课中融入运动技能的重点难点分解、容易出现的失误等真正为学生所需的知识点。如果学生对某些运动项目的需求比较多的话，则教师可以充分考虑项目的特点，抓住其中的重点难点，制作真正适合学生的体育微课。

3. 简明性

微课之所以在时间上比较短暂，主要是考虑学生在注意力集中方面的特点。通常而言，人的注意力在五至十分钟内是最佳的，微课抓住了这一特点，力图使学生在注意力最集中的时间里完成对知识的学习。因此，微课在知识点的选择上应当非常简明扼要，将重点和难点知识以及核心的技能技术重点突出，以有效地吸引学生的注意力。

除此以外，语言的运用也要遵循简明性的原则，力图用最简洁的语言将知识点呈现出来，增强学生的理解与记忆效果。就当前而言，学校学生普遍具备了运用互联网搜集资料的能力，加上之前他们已经具备了一定的运动基础，所以大多数学生都能够很快地掌握一些比较基础的体育知识。所以，教师设计微课时应当充分考虑这一现状，力图使微课重点突出、简单明了，使学生能够更好地利用微课开展体育学习。

（四）体育教学微课视频的制作过程与要点

1. 体育教学微课视频的制作过程

微课的主体部分是短小的视频，旨在对一个知识点的内容和方法进行突出的呈现，以达到促进学生掌握的目的。微视频的质量能够对微课的教学效果产生直接的影响。

（1）微视频制作标准。在制作微视频之前，教师需要做的是对其具体风格加以明确，使整体的风格与教学内容相适应。具体来说，微视频的风格包括画面的基本色调、整体的画面布局以及字幕与配音等方面。

（2）微视频内容选择。内容的选择也是微视频制作时教师必须关注的方面。在制作之前，教师应当广泛搜集各种相关的素材，然后从中选择最适合的加以运用。需要注意的是，微视频内容的选择应当注意三个方面：①微视频的内容要与学生的审美需求相一致，严格遵循课程内容的要求，并且与教学内容的相关程度比较高；②微视频内容要真正满足学生的实际学习需求，与学生的认知特点相符合，真正体现学生的主体地位；③微视频的内容应当具备较强的实用性，真正为教学活动服务。只有这样，微视频的内容才会更加丰富，质量也才会更高，也才能保障最终的微课质量，实现促进教学质量提升的目的。

（3）微视频整合内容。在制作微视频时，制作者对已经选定的教学资源划分目标等级，可将其分为A、B、C、D、E、F等级。其中，A级是优秀，与教学的目标和制作要求完全符合。B级为良好，与教学的目标和制作要求基本符合。其余等级依次类推。如果教学资源比较充足，则尽量不要使用D级以下的素材内容。这样一来，微视频在质量上就有了更好的保障，也能够更有效地推动教学目标的实现。

（4）微视频模块划分。微视频的时长虽然比较短，但是它在知识点的讲解方面还是非常详尽的。在有限的微视频的时间里，制作者要对微视频中的知识点进行深入的挖掘，并进行知识点模块的划分，这样也能够为脚本的制作带来极大的便利。

（5）微视频脚本制作。微视频的脚本有一定的顺序要求，是教学内容与教学课程的具体表现，主要包括三个方面的内容：①文字稿本编写。文字稿本是对文字制作意图的说明，目的在于让大家对微课的教学内容与目标形成全面的了解。对微课的具体开展形式、使用的语言等采用文字的形式加以记录，并且辅之以必要的解释，对于微视频是非常重要的。②脚本的整体制作。微视频脚本的整体制作包括的内容比较多，如微课的整体画面、运用的图形与文字、微课的展现方式等。③详细脚本制作。制作者要对脚本制作的目标和意图加以把握，并且对微课制作的各个部分的应用进行全面、详细的描述。

（6）微视频创作制作。在制作微视频时，应当注意知识内容的科学性与准确性，并且与学生的认知目标相一致，这样才能够对学生的学习起到良好的辅助作用。与此同时，在制作微视频时，制作者应当保持思路清晰，视频的主线也要明朗，力图为学生呈现具有美感的画面，以有效地激发学生的学习兴趣和求知欲。此外，微视频还应当体现出一定的创意。

2. 体育教学微课视频的制作要点

体育微课与其他类型微课相比有其特殊的地方，即学生需要在掌握教师口头讲授理论同时，从视频中学习动态的技术动作。因此，在进行视频内容设计时，必须考虑学生学习动作的可能性与可行性，这是体育微课设计的基本性要求。微课的成型包括教师的教学内容设计、拟定拍摄脚本、实地拍摄和后期制作等四个步骤，最终通过直接的动作展示和教师的口头讲授达到教授体育理论知识和动作技术要领的目的。

（1）导入式教学视频的制作要点。体育微课不仅是一堂单纯的体育课教学片段，还有一定教育性和艺术性要求的，因此，教师在设计微课内容时，应采用一些互动话语，如视频开头可以使用一些平易近人的话语进行引入，同时，开场白也不应当太过于冗杂，以免让学生感觉没有终点、浪费时间，丧失继续观看的兴趣。在设计开场白时，教师应当首先用简练的语言进行自我介绍，进而概括本节视频的大致内容，让学生把握住主体知识和大致的框架。如果教师能够发掘出运动的正规做法与大众的常规认知之间的矛盾，就更容易使学生感受到矛盾带来的刺激感，引起学生继续观看视频，寻找矛盾原因的欲望。

（2）完整性教学视频的制作要点。由于学生观看视频进行学习的时间不固定，学生对体育动作的记忆、学习和接受也就被分割了，即使学会了某一个技术动作环节，也常常只能是分散的、零落的，为了避免这种问题的出现，在微课教学内容设计中，教师应做到：①为学生进行课程整体内容的介绍，使学生直观建立完整的动作概念，或是主动让学生明白教学内容的整个体系，做到心中有数，在练习的时候不至于茫然；②在每一段的视频学习中，可以带领学生重温教学体系，并指出本节教学内容在整个教学体系中处于什么位置，与其他动作之间是否有什么联系，如果有的话，学生需要注意什么；③在课程结束时，带领学生从头回忆和梳理学习内容，让学生对本系列课程所学的内容有一个整体性的把握。

（3）分解式教学视频的制作要点。分解式教学要求教师把一个动作技术进行合理的分解。例如，在排球课程中，对于衔接性动作，如多步扣球，如果教师在分解教学时没有将步法与扣球动作链接起来进行教学，而是分别放在不同的视频中，就会给学生的学习造成困扰。学生在学习多步扣球时就不好将步法与扣球动作联系起来，也没办法从整体上审视思考这个动作，当自身错误动作发生时，也不好及时发现和更正。除此之外，如百米短跑中的起步动作，先蹲下，接着一条腿往后，两只手臂撑地，背部向上拱起，当发令枪响起时立即起跑。这样的步骤是环环相扣的，而每一个步骤都是有标准的，不能做错。这些分解动作步骤关系到最终动作的标准性，对类似这样的技术动作进行分解教学就对体育教师的能力提出较高要求，必须在微视频有限的时长内将所有的连贯动作都解释清楚，并做出最终完成后的正确动作示范。

（4）互动式教学视频的制作要点。微课教学与实体教学的一个不同是微课教学中师生之间的互动并不是真实的、面对面的和直接的，而是间接的。"互动"一词，既包括身体上的互动，也包括心理上的互动。微课不可能使师生之间进行身体上的互动，因此，对于师生心理互动的要求更高，然而，微课视频在录制时如果不表现出与学生的互动交流，就很容易让学生走神，学生无法将注意力集中在视频学习上，从而降低学习的效果。教师与学生的互动是比较有策略性的，除了设计一些具有启发性和趣味性的语言之外，还需要自然地随时用简单的语句鼓励学生，如"再坚持一下""加油""很棒"等，让学生在课程学习中有一种成就感。由于微视频录制基本上是单向的，这就对教师的教学姿态要求更高。教师要着装和打扮得当，还要随时将自己的情绪调整到比较高涨的状态，在身体语言和面部表情上都要积极向上、充满活力，能够用自己的情绪感染学生，这样才能让学生投入学习之中，而不会感到无趣。

（5）课堂练习教学视频的制作要点。学生要掌握一项技术动作离不开教师在课堂上给学生设计的一系列练习方式。体育课堂练习是一种有目的、有组织的学习活动，是提高体育教学质量的重要环节。练习质量的高低直接影响课堂教学效果。在练习方法的选择和设计上，首先，充分结合学生和教学内容，练习方法应以简单易行为原则；其次，循序渐进，练习内容既不要过多、过深，又要在统一性的基础上，针对学生个体差异以不同的练习目的进行因材施教；最后，练习要突出重点，有针对性。例如，在气排球垫球技术动作教学中，手型和击球动作是掌握技术动作的关键，教学难点就是上下肢各动作之间的衔接配合。因此，在练习时，教师应把练习重点放在掌握手型和击球动作上，引导学生多体会完整动作模仿的连贯性。在练习中，针对具体情况，可分步骤以某个环节为重点进行练习。为学生更好地掌握和运用技术动作，教师在练习中有必要正确指出学生的错误动作，并给予指导纠正。

初次录制视频的教师可以向互联网上的其他同类型视频学习,将各种动作搭配起来,并时刻注意与镜头对视。人体在做动作时,正面、侧面、背面、镜面等所展现出来的特点和形态都是不同的,哪怕对于同一个技能动作,如果按传统的拍摄方法,只从一个角度展现,就不能够全面地展示动作的特征,因此,视频拍摄的视角也应该不断变化,从各个角度展现动作,有利于学生更好地观看和学习标准动作,避免学生没有学习到动作的精髓,反而对学生的身体锻炼有负面的影响。微课视频的拍摄还有其他一些技术方面的问题,比如一定要保证视频的清晰度和流畅度,尤其是需要保证动态的体育微课视频,除此以外,也要在视频的后期制作上下一番工夫,如视频的音频配置和滚动字幕设计等。

四、体育微课教学的提升策略

(一)科学选题,重视互动

选题是体育微课教学实施的第一步。选题的好坏直接决定了微课教学的成功与失败。因此,体育微课的选题应当经过制作者的深思熟虑。微课视频的时长有限,一个微课视频只对应着一个主题。该主题对应着体育教学过程中的具体问题。体育教师可以选择体育理论或实践课中经常出现的难点、重点、疑点或者知识点、技术点、技能点作为主题。体育微课的选题应当具有独立性、完整性与示范性。

体育微课的互动包括两个方面:一个是体育微课中的互动,另一个是体育微课后的互动。学生在课前观看微课视频,理解理论知识,体会动作要点,在课堂中进行演练。体育教师对学生的演练进行评价与反馈,可以帮助学生纠正错误。教师也可以根据学生掌握程度,针对疑难问题进行重点讲解。这种互动对于提升学生体育能力,实现个性化教学十分重要。体育微课后的互动也十分重要。体育微课的服务对象是学校学生。体育微课好坏的评价不应由教师做出评价,也不应由学校领导做出评价,而应由学生做出评价。体育教师在进行微课教学后,应积极、主动地收集学生对微课的评价,并进行总结、反思,以此为基础对课程进行优化与调整。只有实现课堂与课后的真正的师生互动,才能充分发挥体育微课价值。

（二）激励教师参与微课教学的积极性

在信息迅速发展的今天，微课可以为人们提供便利，满足不同的需求，实现学习的移动化、碎片化和个性化，从而使学习者的知识不断地更新、扩充。由此可知，微课不可能是一时之热，而是一项可持续发展的教育战略。所以，要求各方要从始至终的加大投入，引入社会资源，加强微课的宣传力度，让更多的参与者真正地了解微课、使用微课。

体育微课的目的是方便教学，因此在微课的设计过程中，其内容的设计制作都不可以偏离这个目的。微课的制作应该遵循教育的本质特性，要由易到难、循序渐进，要更好地体现微课的教学效果，让更多的教师与学者可以实际地感受到微课的魅力和便利，从而确切地了解微课的教学目的，让微课真正地参与到教学中去，这不仅可以增强学生学习的兴趣，提高效率，对教师压力减轻也很有帮助。

微课设计的效果如何，是否可以激发学习者学习的兴趣，这与制造者的技术水平有直接的关系。随着越来越多种类的微课得到开发，教师的教学任务变得越来越重，所需的知识也变得更多，搜集任务增加，导致教学的负担变重。这就需要政府等机构大力支持，有关科研人员要积极开发更多方便、简洁、高效的微课，进一步减轻教师的负担，增加教师录制微课的积极性。教师的创造力对微课有很大的影响，这决定着其所制作的微课是否更有吸引力、更加的实用，这种创造力一般与教师在教学实践过程中获得的灵感息息相关。教师参加这种能够获得灵感的教学活动的积极性，与学校的支持程度有很大的关系。这就要求学校不但要加大对教师的培养程度，还要不断地指导教师制作微课的技术。

（三）"协同教学"进行体育微课设计

"互联网+"教育背景下的体育微课教学设计可以充分利用"协同教学"的教育理念。这种教育模式是具有互补教学经验、技能的两个或两个以上的教师组成灵活的教研小组，针对学生个性的学习需要，通过教师与教师之间的协作和规划完善课程设计。教师引导学生理解体育理论、学习体育技能，从而促进学生对运动技能的内在规律有所把握，使大脑皮层活动由知识点及技术动作的"泛化阶段"进入到"分化阶段"，在感知觉层面进行有效的资源整合。这种教育模式充分结合了碎片化学习理念，更好地促进了体育教育每个环节的协调发展。

(四)用"线上+线下"的移动学习终端进行体育教学设计

"线上"体育教学应力争实现现代教育信息技术的"多方位交互"。纵观"线上+线下"的体育教学过程,教师根据教学大纲制作体育微课视频,将其发送于公共平台上;学生通过注册此平台的账号进行关注,并自行搜索想要学习的体育教学视频。如果在观看过程中有疑难问题出现时,那么学生可以在观看结束后通过留言的方式进行互动。后台工作人员将问题进行整合与归纳后发送给制课的教师。教师接收到信息后集中时间段给予回答,或是对共性的问题通过微课视频集中进行答疑,再通过交流平台发还给学生。

新时代的体育教师应建构并运用微课教学与传统体育手段的结合,进而实现体育学科的碎片化整合与分析,在"互联网+"教育背景下利用微课的教学设计、实施等环节,更好地促进体育教学变革,紧跟时代的步伐。

第三节 互联网背景下高中体育翻转课堂教学创新

一、翻转课堂的产生背景

(一)信息技术起到的推动作用

科技革命推动了信息技术的发展。随着计算机技术的推广应用,世界各国的生产日趋自动化,科学技术、国防技术乃至管理手段都越来越现代化。同样地,情报信息也在朝着自动化的方向发展。信息技术的变革辐射着人类社会的方方面面,其影响力巨大且深远,教育作为人类社会中的重要领域自然会受到信息技术变革的影响。

"随着信息化社会的不断发展,教学的资源更加丰富,教学的手段也更加多样,教师主宰课堂的灌输式教学已经无法适应当前教育教学的需求,将信息技术广泛应用于教育教学领域已经成为时代发展的必然趋势,这对提高教育教学质量和优化人才培养模式具有重要的现实意义"。[①] 在信息化时代下,

---

① 王国亮,詹建国. 翻转课堂引入体育教学的价值及实施策略研究[J]. 北京体育大学学报,2016,39(02):104.

人们重新审视原有的教育教学制度，重新设计教学模式，从而让现代信息技术在教育领域发挥重要作用。现代教育的目标也发生了一定的改变与扩充，即要求学生能够具备获取信息、分析信息、处理信息、加工信息的能力，具备较好的信息素养。

信息技术在教育领域的渗透会极大地推动教育教学的变革进程，会在一定程度上改变教师的教学模式与学生的学习方式。这是一种必然的趋势，因此，教师必须及时更新教育理念，对现代教育技术予以足够的重视，积极地探索信息技术在教育领域的有效价值，充分利用信息技术的优势发展教育教学事业。

（二）社会需求带来的推动作用

现代社会发展节奏快，要求人们能够快速地接受、理解新鲜事物，具备较强的学习能力，拥有较强的求知欲。在飞速发展的社会中，如果不能持续地学习、不断地完善自己，就很难适应时代的变化，人们应该顺应时代、紧跟时代，保持求知欲望，不断在新的时代背景下反思自己的生活。

想未来社会，高层次人才除了要具备专业的知识技能之外，还需具备一定的学习能力、创新能力和发展潜力，并且还要具备自我个性。这就要求现代教育关注社会的需求与人才的培养，努力培养出满足现代需求的优秀人才。

（三）教育现实带来的推动作用

教育形势的发展可以从学徒制说起，在工业革命出现之前，人们大多以这种形式开展所谓的教育活动。学徒制主要采用现场教学，教学场景基本是真实的工作环境。教学对象往往具有个别性，大多发生在代际间，教学方式就是师傅口述、示范，然后学徒在师傅的指导下进行实践。学徒制教学模式培养出许多技艺高超的手艺人。

随着工业革命的兴起，工厂日渐规模化，社会对于劳动力的需求增加，同时对劳动力的知识技能要求也有所提高。也就是说，人们迫切需要普及、推广教育，扩大教育规模，提升教学效率，从而在短时间内获得更多的、能够满足社会需求的劳动力。显然，学徒制不再符合时代发展的要求，于是班级授课制就产生了。班级授课制是以班级作为教学单位开展教学活动的形式，通常，教师都会根据设置好的课程时间表，向一些固定的学生讲授知识内容，这些知识内容往往也是统一的。班级授课制满足了工业革命的需求，其原因是，它具备一些不同于以往教育形式的特点与优势，而这些优势实际上一直在教育领域发挥着重要作用。

具体来看，班级授课制的特点主要有三点：①班级授课制具有系统性，能在规定的教学时间内让学生学到大量的知识，并且这些知识不是零散的，而是具有一定的系统性，便于学生建立知识体系；②班级授课制采用"一对多"的教学模式，一位教师可以向多名学生授课，与学徒制相比，其教学效率得到了极大的提高；③班级授课制以"课"为标准，设置好的"课"决定着教师的教学进程与学生的学习要求，因此，教师在进行教学管理时也只需以"课"为中心，统一学生的学习步调，相对较为高效。班级授课制符合工业革命在短期内需要大量人才的要求，其系统性、高效性是促进这一教育形式发展的重要优势。

现代信息社会对人才的要求不断提高，要求人才具备一定的信息技术技能，还要具有应急处理能力，最好还具有一定的创新思维，勇于自主学习，具有探索精神等。与工业革命时期相比，信息革命再一次提高了对教育的要求。于是班级授课制的不足也显现了出来，人们必须探索新的教育形式。不管是工业革命还是信息革命，人们的思维观念都受到这一次次的革命的冲击。新的时代环境要求人们做出新的改变，终身教育与自主学习的理念成为人们推崇的新理念。终身教育要求人们终身学习，始终保持学习的热情；自主学习要求人们根据自己的需求和时代的发展，主动地、积极地开展学习，从而找到自己的价值。

时代的变迁、社会的发展影响着教育组织形式的变化，要想促进现代教育的良好发展，就必须把握时代的脉搏，分析教育发展的现状，找准教育变革的出路。可见，教育变革正面临关键的转折，现代教育事业必须把握时机，积极变革。

（四）学生个体差异产生的推动作用

每个个体之间都存在差异，不同的学生有着不同的学习需求。每个学生都有着自己的学习风格。有的学生接受能力强，学习速度快，可能会早早地掌握课程内容，之后有可能对教师的反复讲解感到厌倦；而有的学生接受能力较弱，学习速度较慢，可能会觉得教师进度太快，难以跟上课程进度，之后也有可能丧失学习信心。学习风格没有好坏，也与学生的智力水平没有关系。我们不能简单地认为学得快的学生就有着较好的学习风格。不同的学习风格还反映着学生的不同的知识掌握能力。有些学生可能只是没有充足的时间来完成知识的内化，如果有了充足的时间，他们对知识的理解或许会比学得快的学生更加深入，对知识的掌握更加扎实，对知识的记忆也更加牢固。

学生的学习动机并不会对其学习过程产生直接的影响，更多地表现为间接的影响，良好的学习动机能够有效增强学习效果。例如，意志力强的学生可以长期地保持一种积极的学习状态，从而达到预期的学习目标，而意志力较弱的学生则只能保持短时间的良好学习状态，容易半途而废。每个学生的学习动机都不同，教育教学应该关注学生的学习动机，为学生制定个性化的学习目标与合理的学习计划，为学生提供具有针对性的指导，从而帮助每位学生实现自己的学习目标。每位学生在认知方式、学习风格、学习动机上都存在差异，而这些差异共同构成了他们不同的学习需求，也可以说构成了他们的学习个性。要想满足学生的差异化需求就必须关注他们的个性，并为学生的个性发展予以帮助。

二、翻转课堂的本质与特征

（一）翻转课堂的本质

翻转课堂也可以称为颠倒课堂、反转课堂。这里所说的"反转"主要是针对传统课堂教学而言的，翻转课堂是人们普遍接受的概念。翻转课堂定义的变化与完善，体现出教育教学研究者对翻转课堂研究的日渐深入。

（1）翻转课堂就是一种教学形态，由教师创作录制教学视频，学生自己在课下观看视频，再在课上与教师进行交流，并完成教师布置的作业。此前，他们对于翻转课堂的表述大多基于其基本做法，如学生晚上在家观看教学视频，第二天在教室完成作业，如果有问题就与同学讨论或者向教师求助。这种对翻转课堂的定义，主要是将翻转课堂教学与传统课堂教学相对比，由此突出其特征，帮助人们认识这一教学形式。

（2）翻转课堂是学生利用课前时间借助教师给出的教学资源，包括多媒体课件、视频材料等，自主完成课程的学习，然后再在课中与教师进行互动，一起阐释问题、探究问题，并且完成作业练习的一种教学模式。

（3）翻转学习改变了直接教学的空间，就是由群体空间转向了个体空间，使群体学习空间变得更具动态性与交互性，从而促进学生在学习过程中充分发挥自身的创造性与主动性，积极参与学科学习。

综上所述，翻转课堂是将原来需要在课堂上完成的知识传授提前到课前，再将原来需要在课后完成的知识内化放到课堂中完成。至于翻转课堂的教学资源、教学信息技术以及具体的教学组织方式等，都不属于翻转课堂的原始要求，都是在翻转课堂实践发展的过程中延伸、演化出来的部分。

翻转课堂的本质是赋予学生更多的自由，将传授知识的环节放在课前，是为了让学生自由选择适当的、舒适的学习方式；而将内化知识的环节放在课中，是为了让学生更多地、更有效地与教师及其他同学进行交流。

（二）翻转课堂的特征

翻转课堂在许多方面都对传统课堂教学进行了革新，作为一种全新的教学模式，它具有一些颠覆传统课堂的突出的特征，翻转课堂改变了传统的教学过程，对课堂的时间进行了重新规划与分配，在传授知识的方式、方法上有所创新，并且促进了教师与学生身份角色的转变。

1. 师生角色发生转变

教学过程的颠倒、课堂时间的重新分配自然也影响着身处课堂之中的教师与学生，翻转课堂的特征之一就是师生角色的转变。在传统课堂教学中，教师几乎占据着"主角"位置，但是在翻转课堂中，学生成了课堂的中心。学生在学习过程中遇到了问题可以向教师寻求帮助，教师主要负责为学生答疑解惑，提供及时的、具有一定针对性的指导，教师从以往的讲授者变成了学习资源的提供者，变成了学生学习过程中的引导者、帮助者。这代表着课堂的中心不再是教师，而是学生。这种身份角色的转变向教师提出了更高的要求，教师除了要具备讲授技能之外，还需要具备收集整理教学资源、录制教学视频、组织教学活动的技能。

与此同时，学生在这样的课堂上需要充分调动自己的主动性，不能再被动地接受知识，而是要积极、主动地汲取知识、内化知识。学生成为课堂的中心，就意味着学生将成为知识意义的主动建构者，可以按照自己的学习节奏、学习步调选择合适的学习时间与学习内容，遇到较容易吸收掌握的知识可以适当加快学习速度，而遇到较复杂的内容可以放慢学习速度，反复观看教学视频，仔细探究学习。学生不能再一味地等待教师给出答案，而是要通过自己的努力寻找答案。此外，师生角色的转换也有助于拉近师生关系，对营造良好的教学氛围有一定的益处，师生之间、生生之间可以交互协作，学生可以在丰富的教学活动中掌握知识内容。学生角色由"被动接受者"变为"主动探究者"。

2. 教学方式突出创新性

翻转课堂的又一重要特征就是对教学方式的创新，其中最具代表性的就是短小精悍的课程视频，教学视频是翻转课堂教学资源的集中体现。

翻转课堂中的教学视频在一定程度上改变了这种被动的局面。学生可以通过短小但内容丰富的教学视频来接受知识，并且还可以根据自己的需求暂停、回放、慢速播放视频，这有助于学生把握自己的学习节奏与学习进度，充分鼓励了学生的自主性发挥。在课前或者课下观看教学视频，也会让学生更加放松。学生在一个相对舒适的环境中学习，不需要神经过度紧绷，如果有不懂的地方还可以反复观看，强化记忆。在之后的复习巩固中，教学视频也发挥着重要的作用。

3. 教学过程的颠覆性

对传统教学过程的颠覆是翻转课堂最为突出的特征。一般来说，传统教学的过程就是"教师讲授知识—学生完成作业"，这种教学过程把讲授知识的环节放在了课堂上，将内化知识的环节放在了课下，主要由学生自己完成。

翻转课堂的出现将这种教学过程彻底颠覆了，它将讲授知识的环节置于课前，将内化知识的环节置于课中，将巩固反思的环节置于课后。具体来说，翻转课堂要求教师在课前就做好相应的教学准备，按照课程目标搜索、整理或自己制作教学视频，为学生提供充足的学习资源，这样可以让学生在课前就完成基础知识的学习，让教师在课前就完成教学讲授；在课中，学生可以在课前学习的基础上提出自己的问题与困惑，教师则能够及时地予以解答指导，并且，教师还可以组织学生进行小组讨论、合作学习，让学生在课堂上就完成知识的内化；课后，教师同样可以为学生提供有针对性的学习资源，帮助其补充知识，巩固记忆，鼓励学生积极进行学习反思。

可以看出，翻转课堂将传统教学过程完全颠倒了过来，并且对教学过程中各个环节的功能作用进行了重新定位。

4. 课堂时间的重新分配

对课堂时间的重新分配是翻转课堂的重要特征，具体体现在对教师讲授时间的缩减以及对学生学习活动时间的增加上。

在传统的课堂教学中，教师需要把大量的时间花费在知识的讲授上，学生就只能被动地听讲。

翻转课堂则改变了这一局面，为课堂互动、师生答疑、探究讨论等教学活动留出了大部分的时间，期望学生能够在相对真实的情境中完成知识的学习，并且能够学会交流与合作。由于翻转课堂将教师的讲授环节放在了课前，因此它既保证了教学内容的充足，也有效活跃了课堂氛围，提升了课堂互动性。这种对课堂时间的重新分配有助于加强学生对知识的内化程度，深化了学生对学习内容的理解。并且，课堂交互性的提升对之后教师开展教学评价也有一定的帮助，教师能够通过学生的互动表现了解学生的学习状况，学生也能够在教师的评价中进行反思，更加主动地把握自己的学习。

可以看出，翻转课堂从整体上提升了课堂时间的有效利用率。

三、体育教学翻转课堂模式的构建策略

（一）重视学生的自主能力培养

自主学习强调的是学生独立学习和独立思考的能力，有利于提高学生学习的主动性，有利于学生持续探索知识，更有利于学生的持续发展和终身学习。

翻转课堂作为信息技术迅速发展的产物，对学生的自主学习能力提出了更高的要求。学生自主学习能力的培养在翻转课堂教学模式的实施中起着不可替代的作用。

自主学习能力的培养应该注意四点要求：①注重学习动机，抓住影响动机的因素，并对其进行干预，从而不断激活学生的学习动机；②注重学生元认知的发展，采用多种手段发展学生的元认知，并促进学生在这一方面的发展；③重视学习策略的讲授，提高学生的认知能力，鼓励学生采用不同的认知策略；④注重学生环境利用能力及其培养，良好的学习环境有利于学生的学习和能力的提高，因此，教师应该注重学生这一方面能力的培养。

在体育课程教学中，首先，教师应该意识到动机在学习中的重要性，并积极采取干预策略激活学生的内在动机，同时注重调动学生学习体育的积极性和主动性；其次，教师应该注重学生学习的策略，并采用不同的方式对其学习的策略进行指导；最后，教师要注重学习方法和技巧的传授，同时鼓励学生对自己进行科学、合理的评价。

具体到翻转课堂的实施中，教师应该注重学生学习体育的主动性，并采

取多种方式来调动学生学习的积极性。举例来说，教师可以将学生课前观看视频的时间和次数进行统计，并将统计的结果融入期末成绩考核中；在课堂上通过提问、作业检查等方式来考查学生课前观看视频的情况，并将这一考查结果融入日常的学习评价中；对没有按时完成课前观看视频任务的学生，教师也需要采取一定的措施，并对这类学生的学习进度进行及时监督。

总之，利用多种方式来促进学生的主动学习，是翻转课堂教学模式实施的关键。因此，教师应该根据学生的实际学习情况及任务完成的情况，选择恰当的策略，从而促进学生的主动学习。

（二）提高体育教师的核心素养

教师是教育教学改革的重要保障，无论是体育教学改革还是其他形式的教育教学改革，都离不开教师的积极参与。翻转课堂作为一种新的教学模式，在实施过程中也离不开教师的参与。在翻转课堂教学中，教师扮演着不可替代的角色。例如，课前教学视频的制作、在线体育教育平台的构建、课堂教学氛围的营造及教学组织和管理、课后教学评价以及对学生具体学习情况的评价等都需要体育教师的积极参与。在翻转课堂影响下，这些教学内容也对体育教师提出了更高的要求。例如，教师的计算机操作能力、信息化教学能力、信息资源整合能力、教学组织能力、教学互动能力、教学评价能力等。要想在体育教学中有效实施翻转课堂教学模式，首先应该意识到体育教师在体育教学中扮演的重要角色，其次从多个方面提高教师的综合能力。

由于体育翻转课堂教学模式涉及的内容、范围更为广泛，涉及的工作也更为复杂，再加上每个教师的时间、精力等都是有限的。所以，除了提高体育教师的综合能力以外，还应该注重翻转课堂团队建设。随着教育教学改革的不断推进，教育教学改革也逐渐从精品课程建设向教学团队建设方面转移。基于翻转课堂的教学团队建设，是翻转课堂在体育教学中实施的重要保障。它有利于缓解体育教师的压力，有利于培养体育教师的合作精神，还有利于体育教师在教学团队中不断学习、不断吸收他人的经验，不断弥补自己的不足，从而能够在很大程度上提高体育教学的质量，促进体育教学目标的实现。

（三）重视体育教学的安全防范

体育教学是一种特殊的教学项目，有着其他教学项目不具备的特点，融合体力与智力、需要运动者的身体参与、不同的运动者承载的运动负荷也存在着差异等。同时，不同的体育项目也体现了不同的特点。无论是哪一种体育项目都存在着运动的风险。在体育运动中，安全防范是降低或避免运动风险的关键，体育教学应该重视安全防范。

与传统体育教学模式相比，体育翻转课堂教学模式注重学生的课前学习。学生通常会在课前对教师事先制作的教学视频进行观看和学习。在这一过程中，学生可以了解体育项目中的各种动作，并根据视频中的规范动作进行模仿练习，这样能够为课中教学做好充分的准备。然而，这种课前观看教学视频的过程，是学生自主学习的过程，教师并不参与其中，因此，学生在模仿和训练动作时由于缺乏教师的监督和指导，出现运动损伤的可能性也随之提高。针对这种情况，体育教师应该根据课前教学视频的内容做好安全防范工作。

具体而言，教师应该提高安全防范意识，明确哪种体育内容存在着运动损伤风险，并在教学视频中特别说明。同时，教师还应该注重学生安全运动损伤风险的识别，提高学生的安全防范意识。

除此之外，教师还应该充分利用翻转课堂平台，在教学视频或在师生互相交流的过程中对运动损伤风险进行分类，并给出相应的预防措施。

（四）优化学校信息化的教学环境

随着互联网技术、多媒体技术等信息技术的不断发展，教育信息化已成为教育改革的必然趋势，教育信息化改革在很大程度上促进了教育教学的现代化发展。高等院校在教育教学现代化建设中，十分注重教育信息化的融入。如何充分利用信息技术，如何将教育信息化与教育教学现代化有效融合，是当今教育教学改革的重要内容，也是教育改革中教育者研究的重要方向。

翻转课堂作为一种新的教学模式，注重多媒体技术、信息技术的利用，注重在线教育、教育技术的融入，这是翻转课堂与传统教学模式的主要区别。由此可见，翻转课堂教学模式的有效实施离不开信息化教学环境的支持。要想有效实施翻转课堂教学模式，就应该不断完善信息化教学环境。尤其是在当今信息化时代，以翻转课堂教学模式为典型代表的信息化教学日益受到重视。作为影响信息化教学的重要因素，信息化教学环境日益受到重视，只有不断完善信息化教学环境，才能在一定程度上保证信息化教学模式的顺利实施。

（五）加强公共体育教学实践

目前，学校公共体育教学日益受到重视，将翻转课堂与学校公共体育教学相结合，将有利于实现学校公共体育教学的信息化教学，有利于促进学校公共体育教学的持续发展和改革创新。因此，探索和研究学校公共体育翻转课堂教学理论与实践，对学校公共体育教学理论研究和实践发展都具有不可忽视的意义。

学校公共体育翻转课堂教学理论和实践研究是一个十分复杂的过程，并不是朝夕之间就能完成的。为了更深入的研究学校公共体育翻转课堂教学理论与实践，体育教育工作者应该更新教育教学观念，意识到翻转课堂在学校公共体育教学中的重要性，并从多个维度研究学校公共体育翻转课堂教学理论，不断吸收前人研究的最新研究成果和实践经验。同时，体育教育工作者还应该根据体育教学改革的要求，不断提高自己的能力和水平，不断在公共体育教学中研究和探索，加强翻转课堂在公共体育教学中的理论与实践研究，真正实现翻转课堂与公共体育教学理论与实践的有效融合。

参考文献

[1] 蔡建光,黄艳艳.新时代高中体育与健康学科核心素养培养路径研究[J].四川体育科学,2022,41(02):128-131.

[2] 常彦君.体育精品课程建设中微课的应用[J].教育评论,2014(11):126-128.

[3] 陈崇高.浅谈体育教学中引入翻转课堂的意义[J].中国教育学刊,2019(S2):93-95.

[4] 陈传溁,周威.体育"慕课"(Moocs)的应用与前景[J].四川体育科学,2016,35(03):132-136.

[5] 陈金.浅谈普通高中体育课程改革[J].佳木斯职业学院学报,2016(01):352-353.

[6] 陈欣,陆春红.慕课背景下高校体育学习共同体的构建研究[J].高教学刊,2019(17):46-48.

[7] 陈志强.互联网背景下高中体育教学的研究[J].体育世界(学术版),2019(09):193+197.

[8] 代加雷.以人为本的体育教学方法探究[J].教学与管理(理论版),2007(8):155-156.

[9] 杜丽霞.运用信息技术优化高中体育课堂教学[J].中国新通信,2015,17(22):20.

[10] 高家良,郝子平.体育教学理论与实践创新研究[M].西安:西北工业大学出版社,2020.

[11] 高祀友."互联网+"视域下的高中体育教学新探索[J].福建茶叶,2020,42(03):22-23.

[12] 关北光,毛加宁.体育教学设计[M].成都:西南交通大学出版社,2016.

[13] 霍军,苏朋.创新教育理念下体育教学方法应用研究[J].体育科学研究,

2014, 18（02）：78-82.

[14] 霍军.体育教学方法实施及创新研究[J].北京体育大学学报,2013,36（01）：84-90.

[15] 贾建军,杨昊."互联网+教育"背景下普通高中体育教师专业发展研究[J].新西部,2019（33）：153-154.

[16] 金成平.体育慕课现象的现实反思与未来展望[J].成都体育学院学报,2016,42（04）：122-126.

[17] 李芳,尹龙,沈焯领.挑战与机遇：慕课对大学体育教学的启示[J].体育科研,2015,36（05）：102.

[18] 李丽.我国普通高校体育教学环境研究[J].当代体育科技,2021,11（28）：90.

[19] 李利华,邢海军,谢佳.体育教学思维创新与运动实践研究[M].南昌：江西高校出版社,2019.

[20] 李淑敬.高中体育教学信息化建设研究[J].科学咨询（科技·管理）,2020（12）：224.

[21] 梁子军.改革体育教学方法与内容的理论探讨[J].体育文化导刊,2003(3)：49-50.

[22] 刘春萍.新课程标准下体育教学方法创新的思考与实践[J].辽宁教育研究,2005（6）：95-96.

[23] 刘锦.现代体育教学体系的建设与发展研究[M].北京：中国书籍出版社,2018.

[24] 刘义红.高中体育教学中终身体育意识的培养策略[J].田径,2022(06)：68-69.

[25] 马顺江.互联网+教育背景下高校体育教学创新思路研究[M].沈阳：辽宁大学出版社,2021.

[26] 毛振明.体育教学内容的分类方法[J].体育学刊,2002（06）：8.

[27] 邱伯聪.体育微课的质性、制作与建议[J].教学与管理,2015（34）：57-59.

[28] 邱君芳.体育互联网视域下体育教学体系建设[M].北京：中国书籍出版社,2021.

[29] 宋涛.运用翻转课堂模式优化高中体育教学的路径探索[J].科学咨询（教育科研）,2021（09）：178-179.

[30] 陶辉. "互联网+"背景下开展高中体育教学的探索 [J]. 田径, 2017 (09): 53-54.

[31] 王保成. 学校体育教学内容的层次与选择 [J]. 首都体育学院学报, 2004 (03): 22.

[32] 王斌. 高中体育教学理论与实践探究 [M]. 延吉: 延边大学出版社, 2019.

[33] 王国亮, 詹建国. 翻转课堂引入体育教学的价值及实施策略研究 [J]. 北京体育大学学报, 2016, 39 (02): 104-110.

[34] 王宇航. 体育教学对学生人格发展的影响 [J]. 运动, 2015 (23): 87-88.

[35] 吴斌. 略论高中体育教师如何克服职业倦怠 [J]. 田径, 2020 (05): 18-19.

[36] 肖威, 肖博文. 体育类微课设计流程与制作方法 [J]. 体育学刊, 2017, 24 (02): 102-108.

[37] 辛夷. 体育教学促进学生人格健康发展的探索实践 [J]. 当代体育科技, 2012, 2 (21): 83-84.

[38] 徐婷. 信息技术背景下高中体育教学探究 [J]. 当代体育科技, 2018, 8 (22): 119-120.

[39] 许颖珊. 由学校体育慕课引发的教学模式思考 [J]. 拳击与格斗, 2021 (4): 7.

[40] 杨瑞发, 朱从德. 中学体育教学对学生人格形成的影响 [J]. 四川体育科学, 2012 (02): 57-60.

[41] 杨乙元. 发挥微课教学优势增强体育教学效果 [J]. 中国教育学刊, 2018 (12): 102.

[42] 殷和江. 高校体育教学方法创新策略研究——基于体育课程改革背景下 [J]. 黑龙江科学, 2020, 11 (07): 108-109.

[43] 赵涵颖. 终身体育视域下我国大学体育教学改革分析 [J]. 现代职业教育, 2022 (22): 115-117.